BABY NAME :

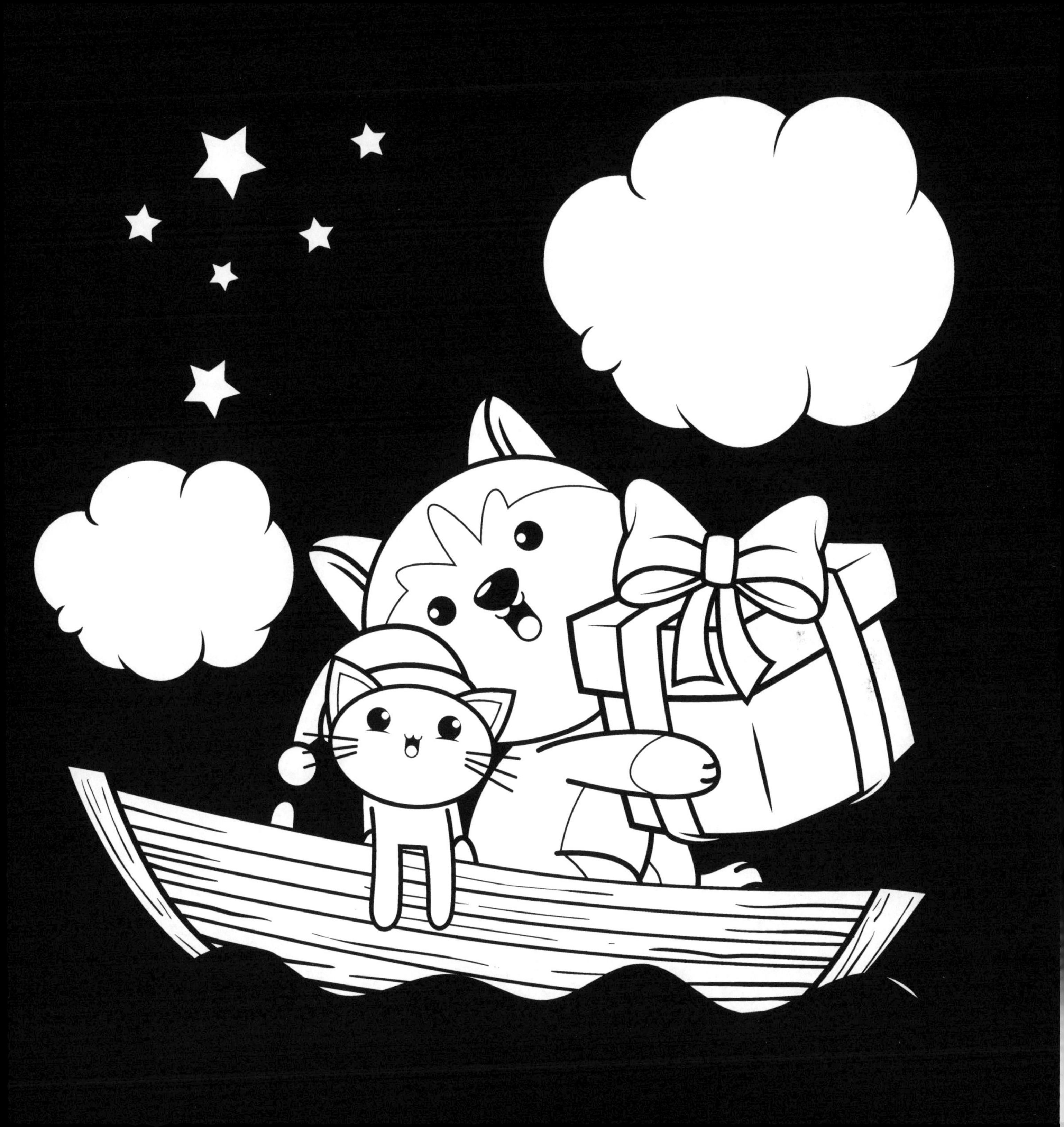

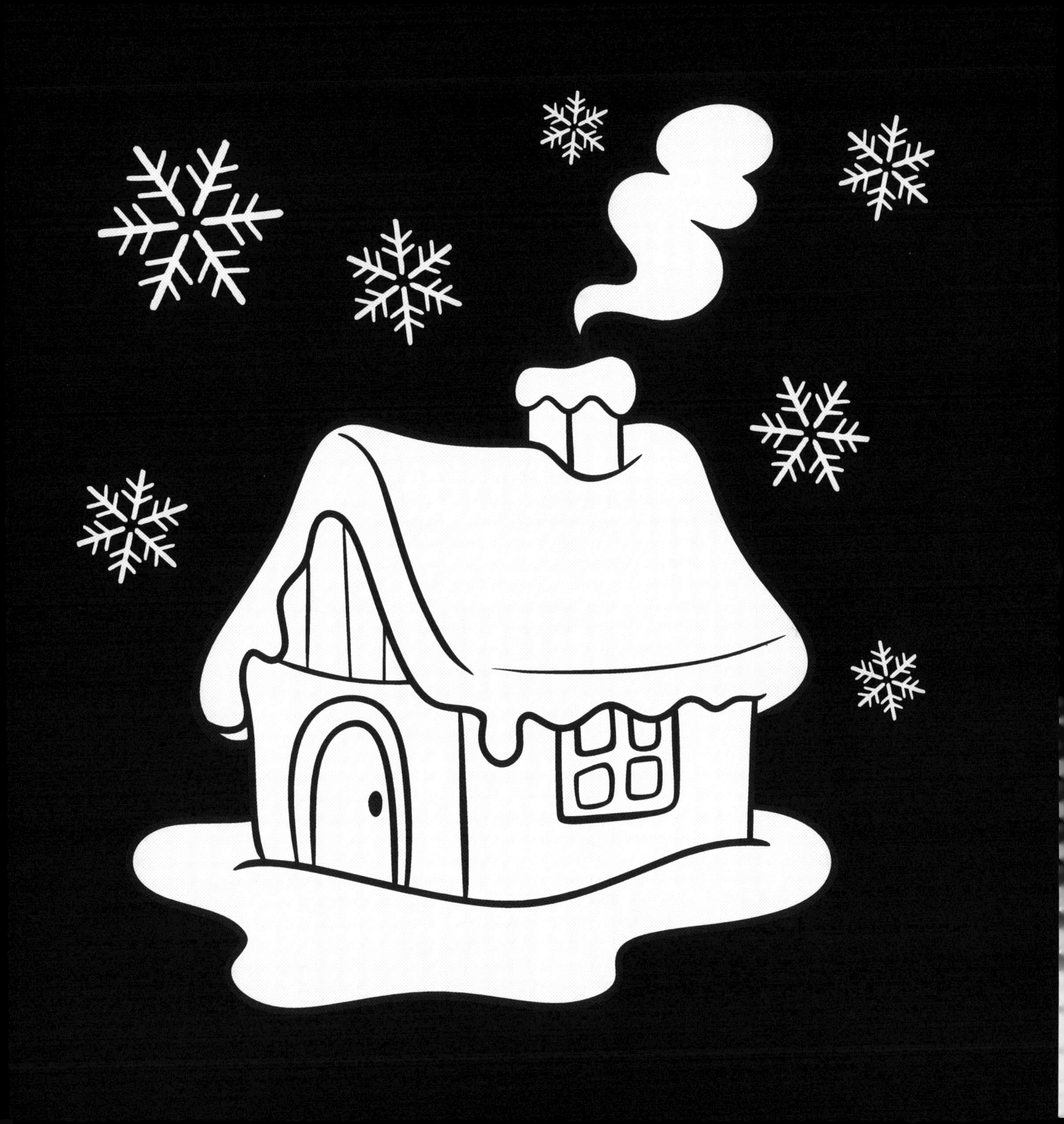

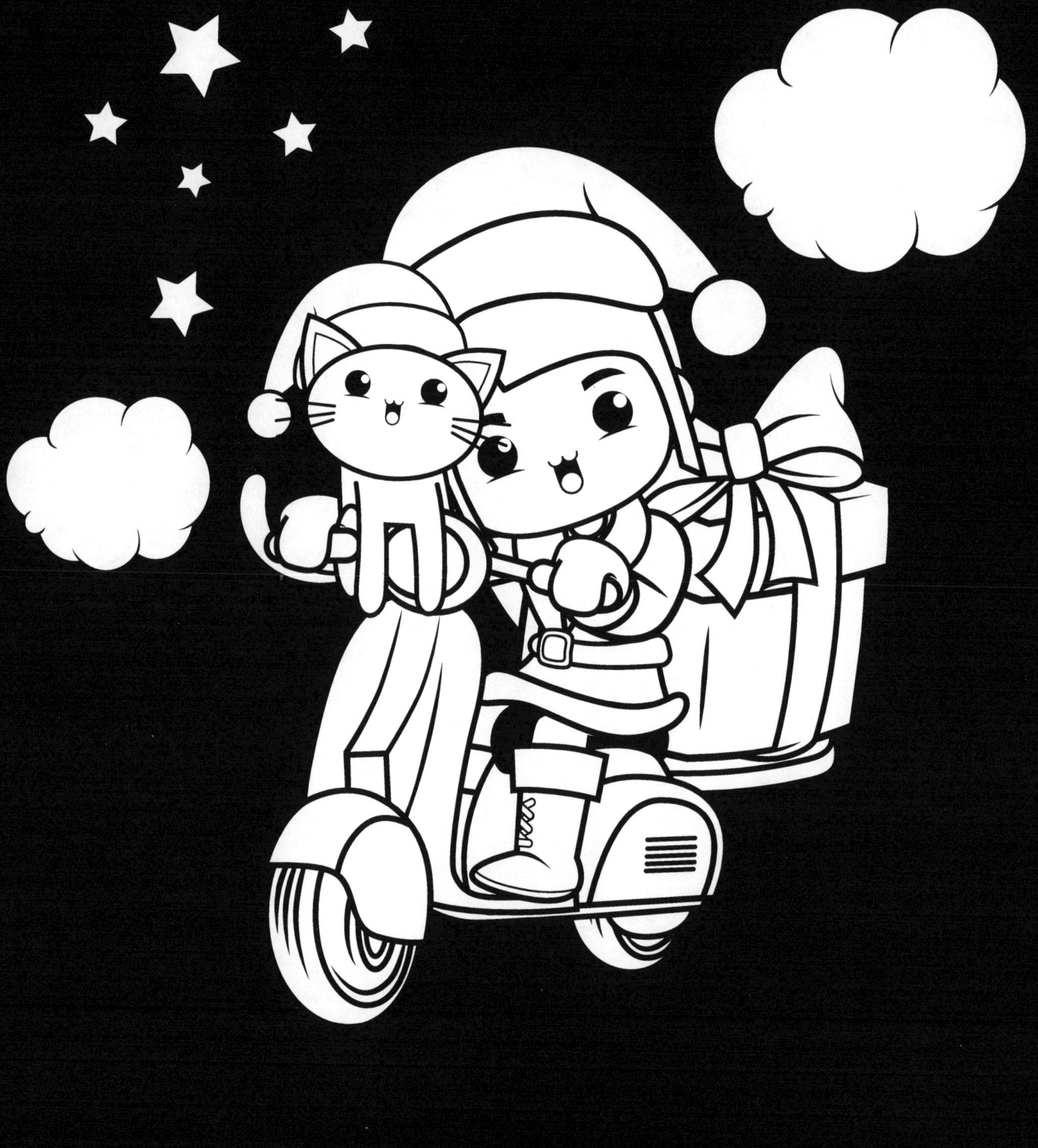

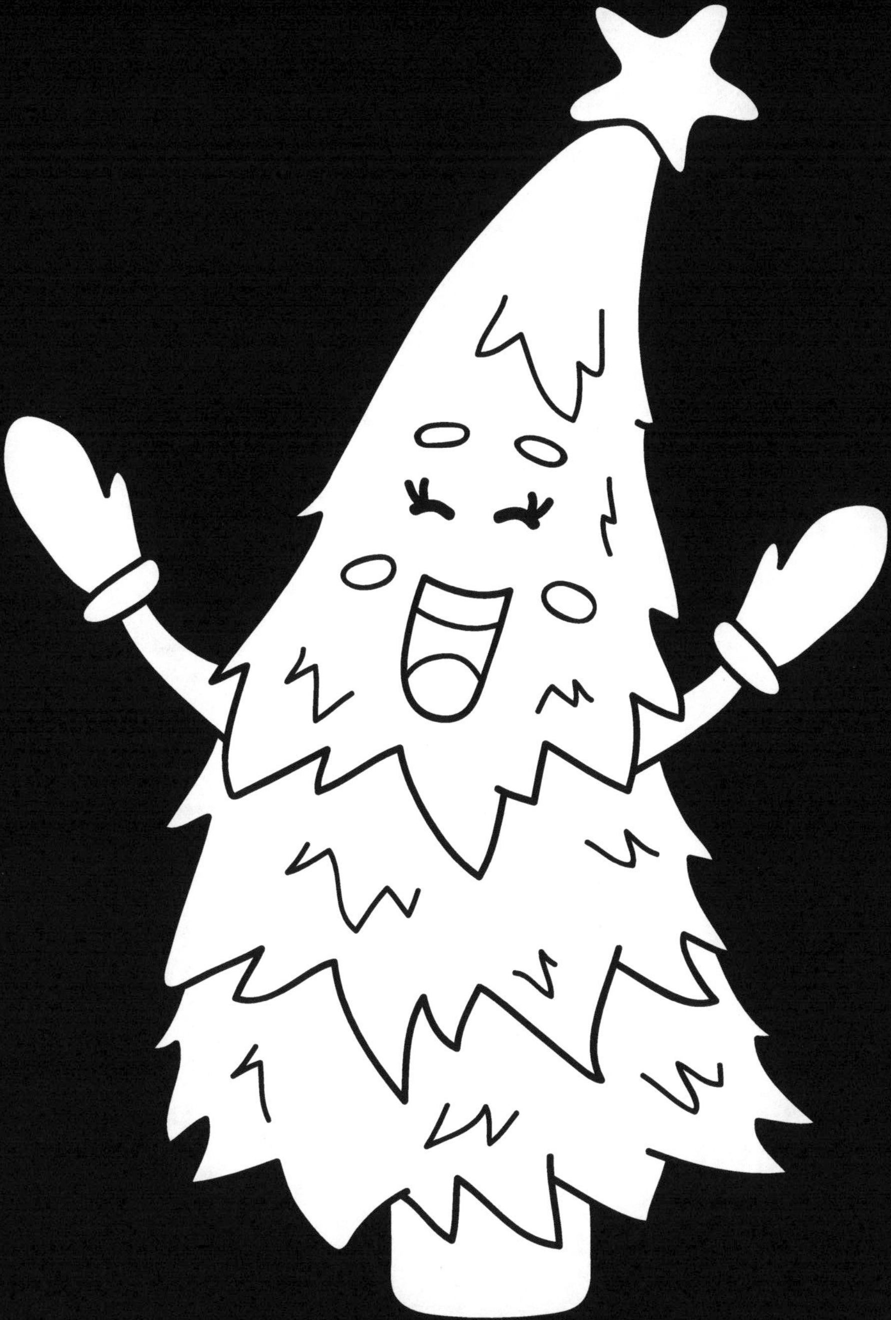

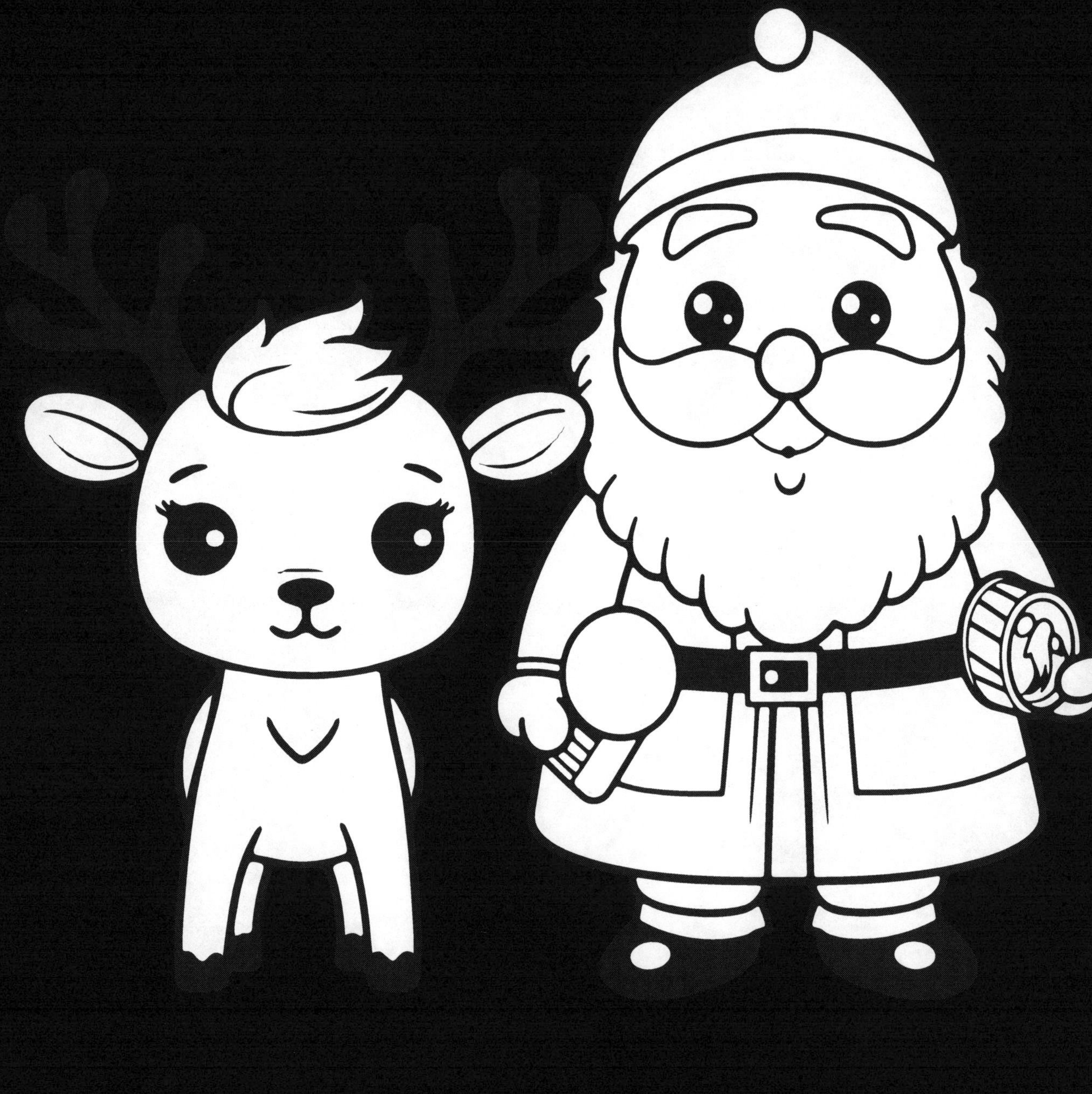

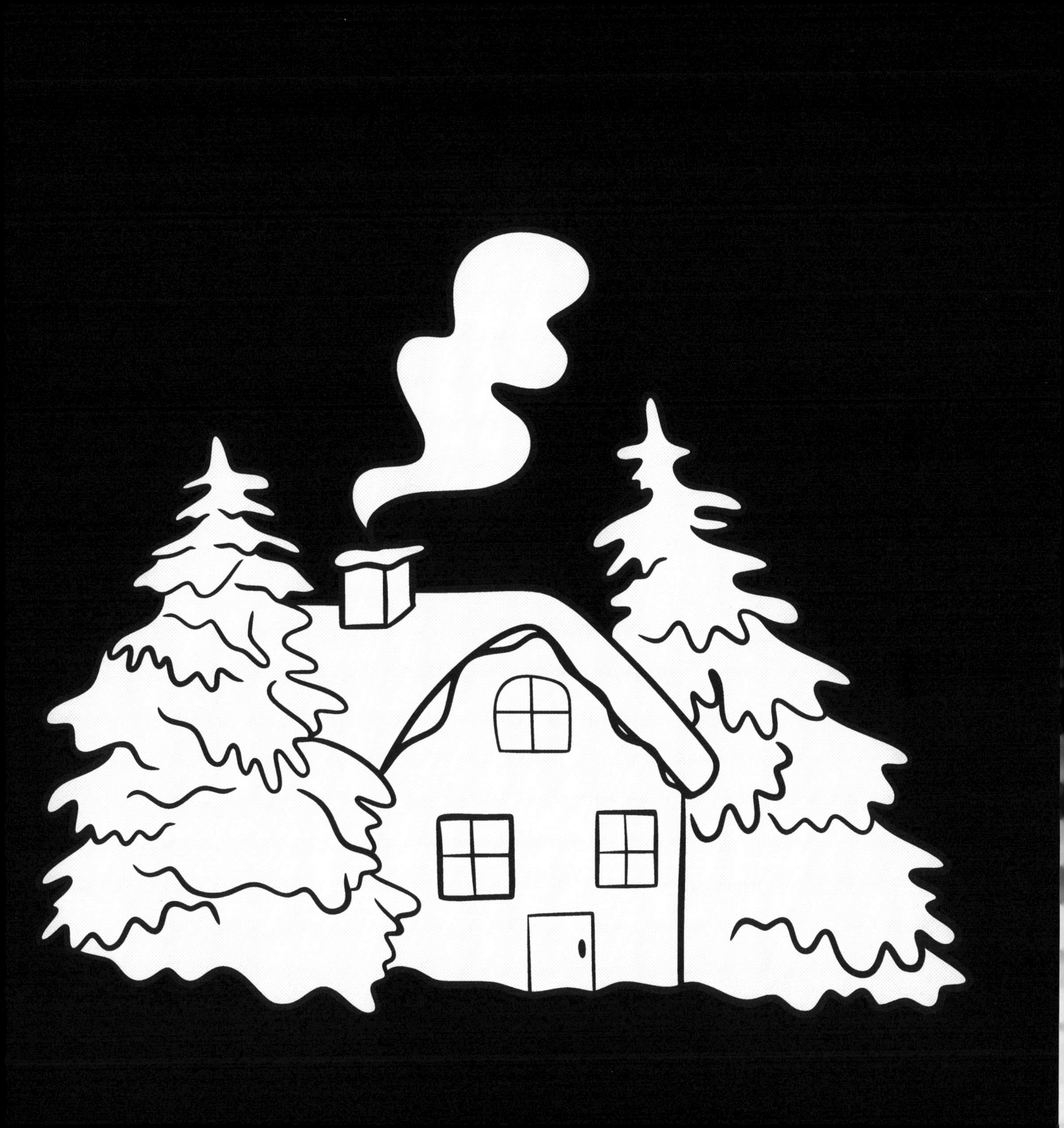

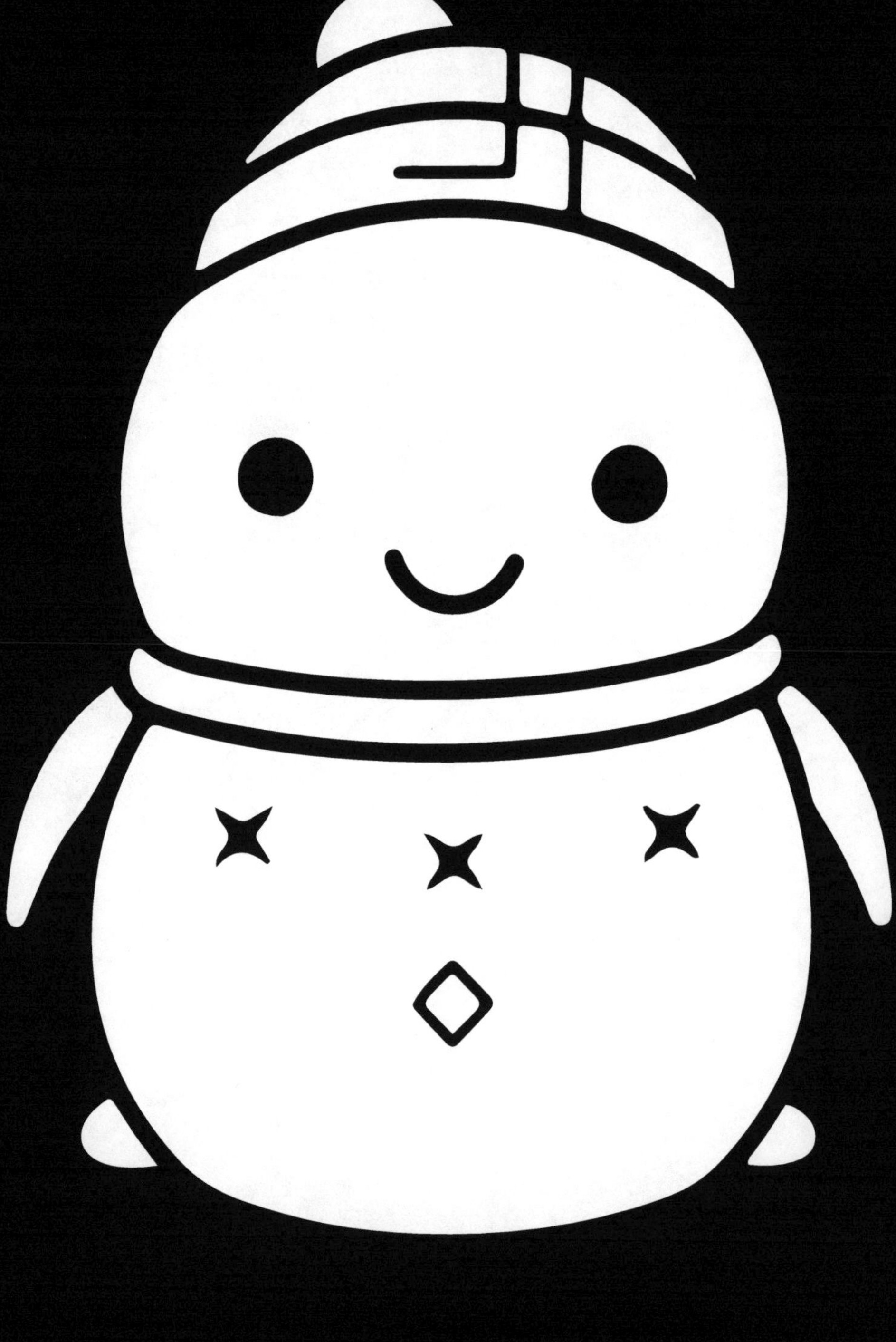

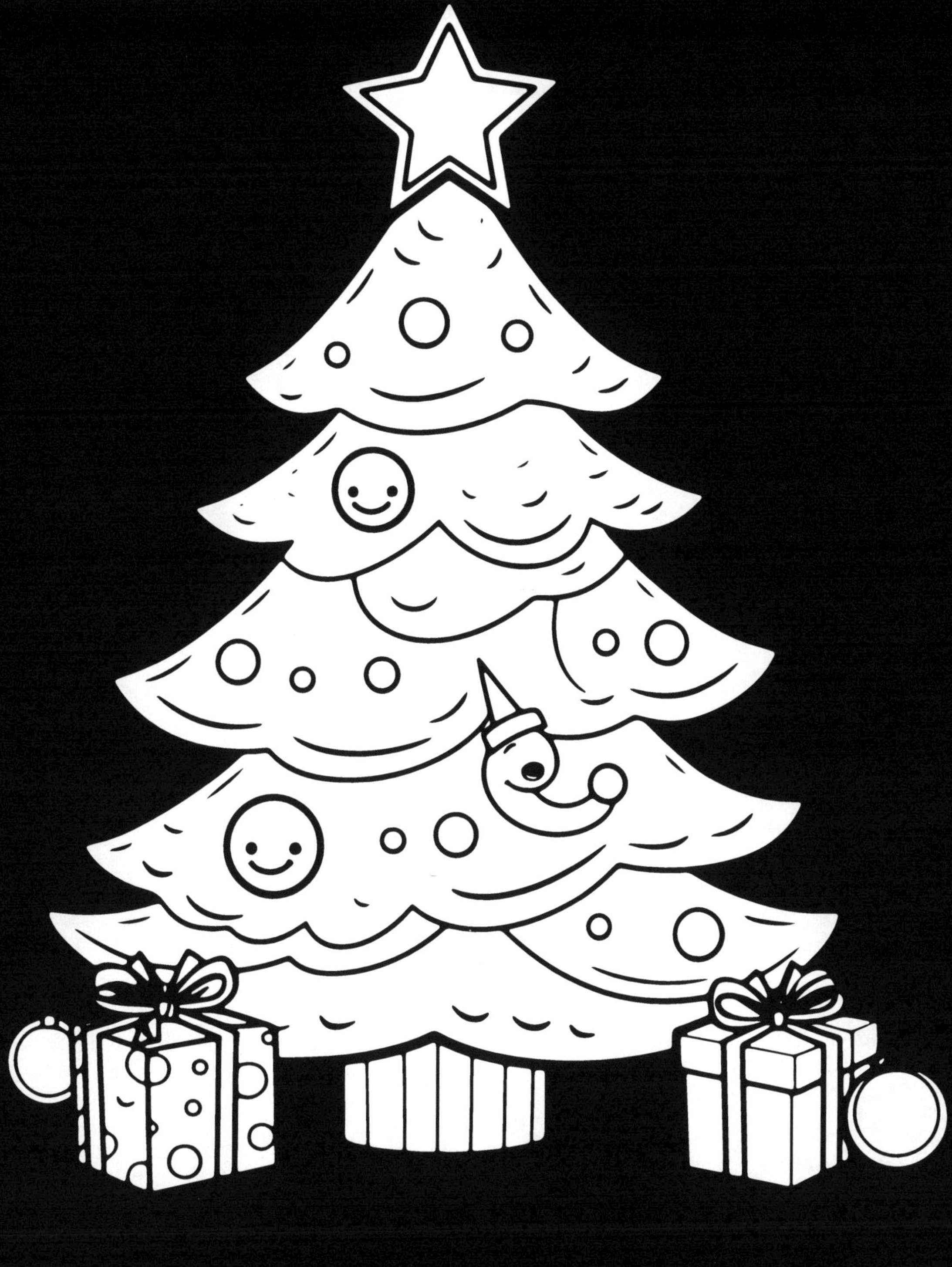

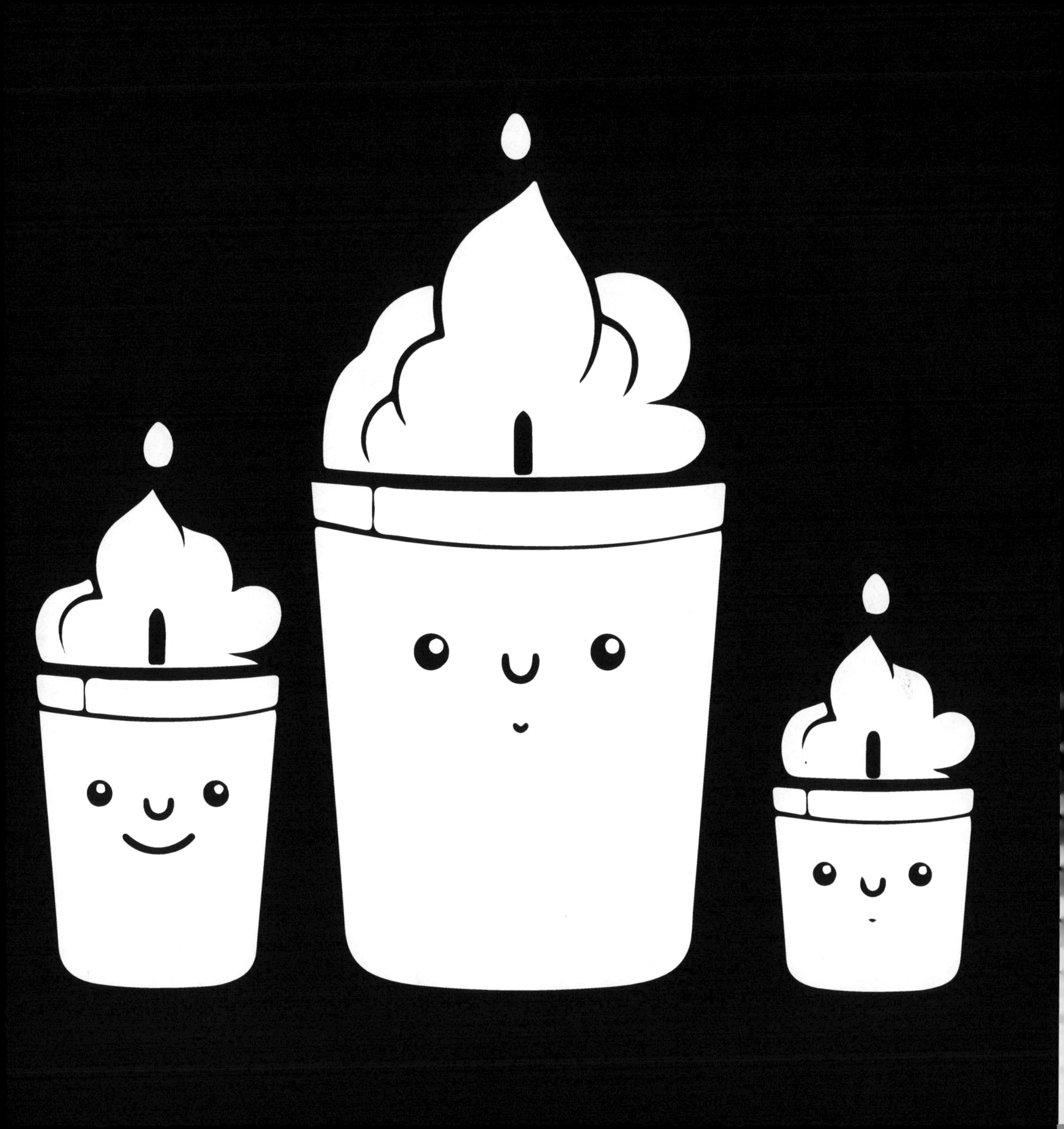

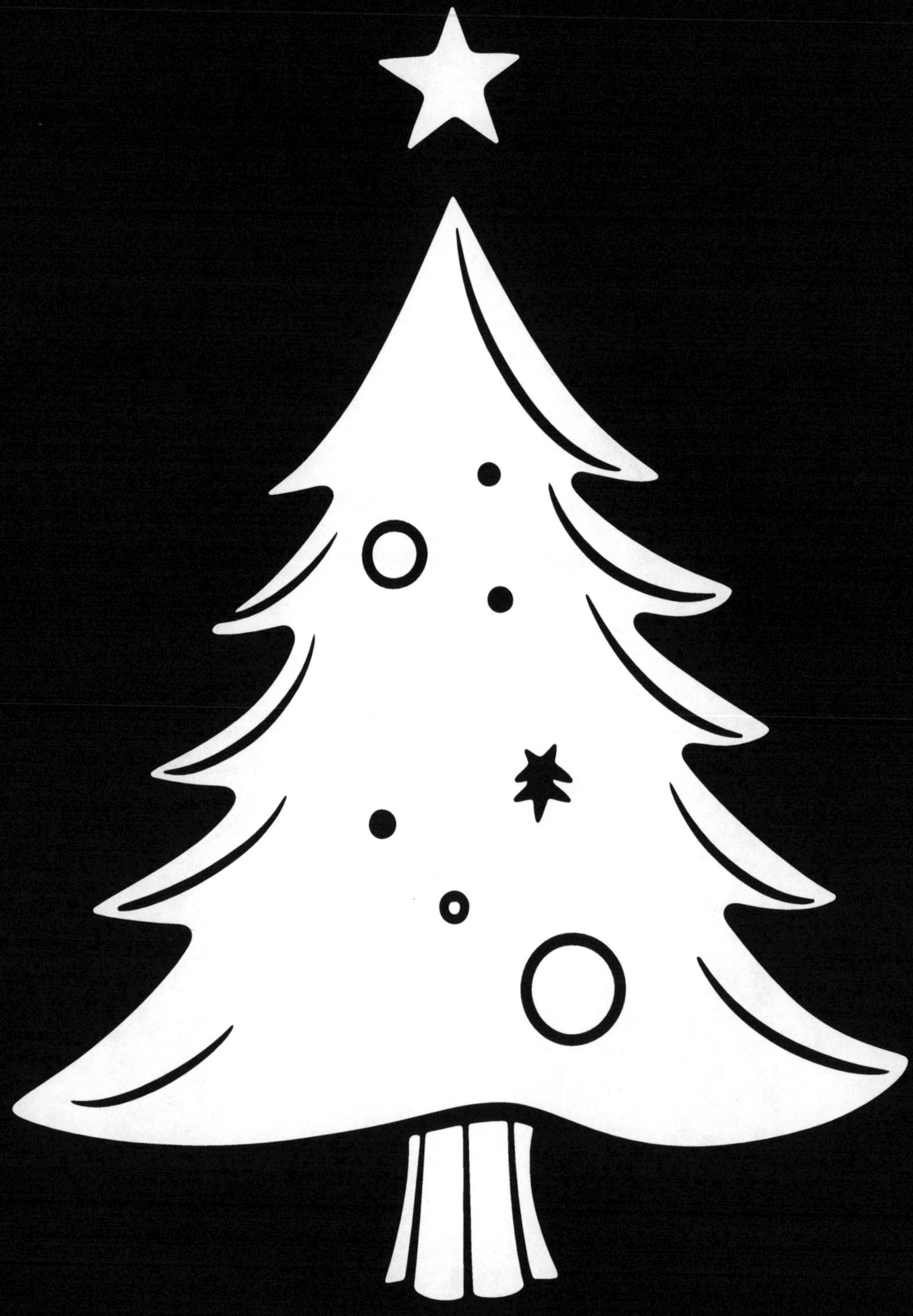

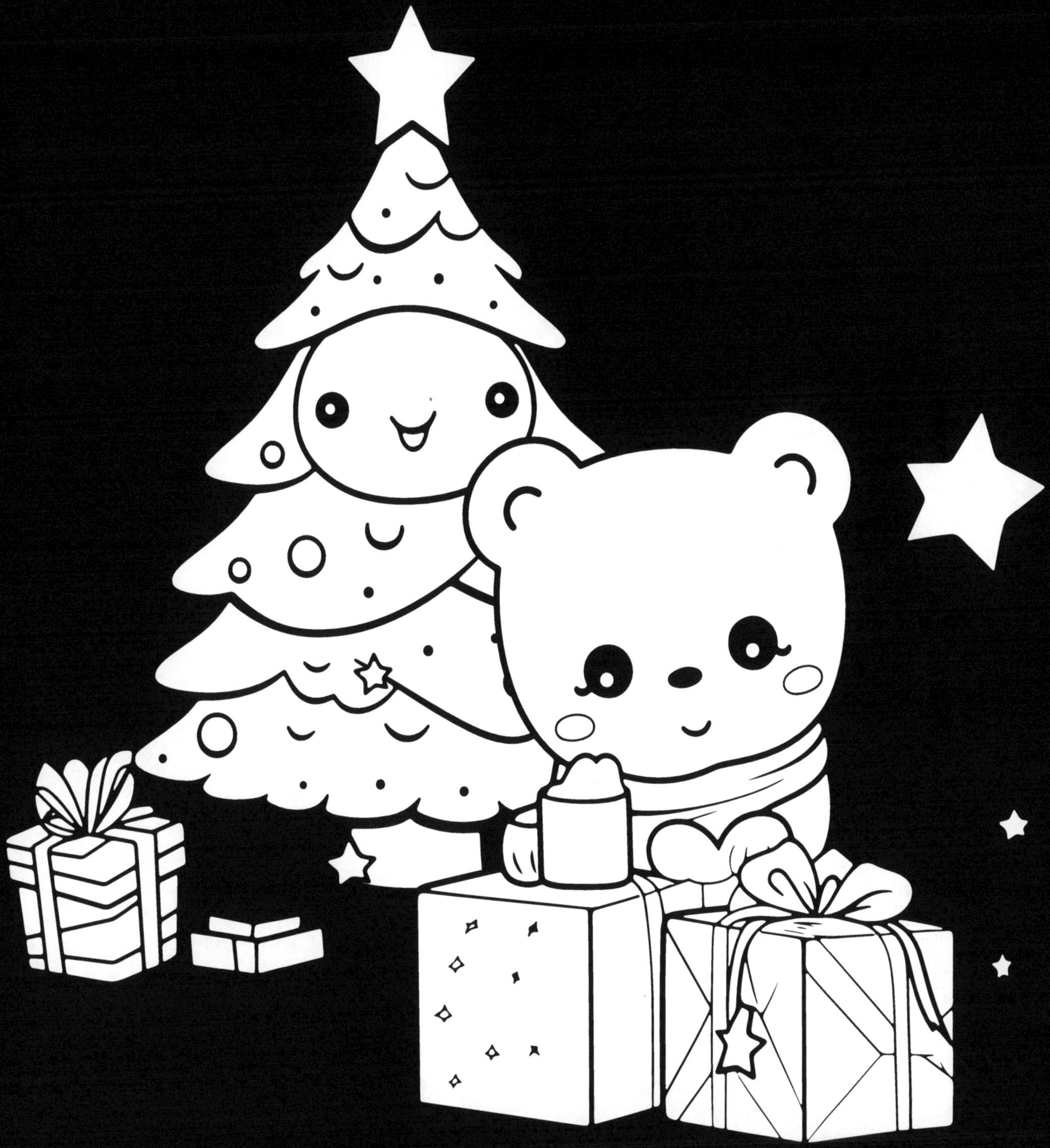

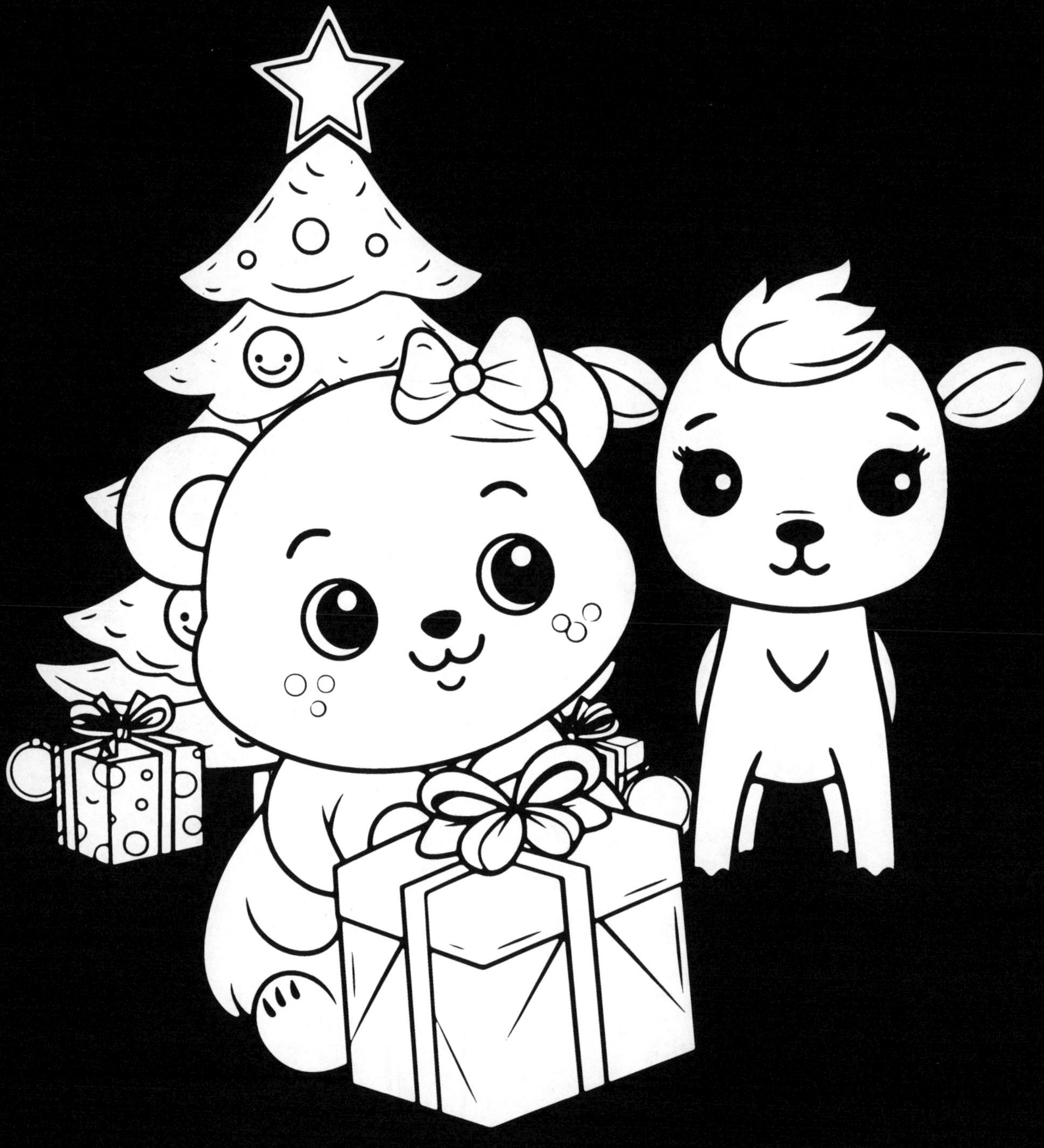

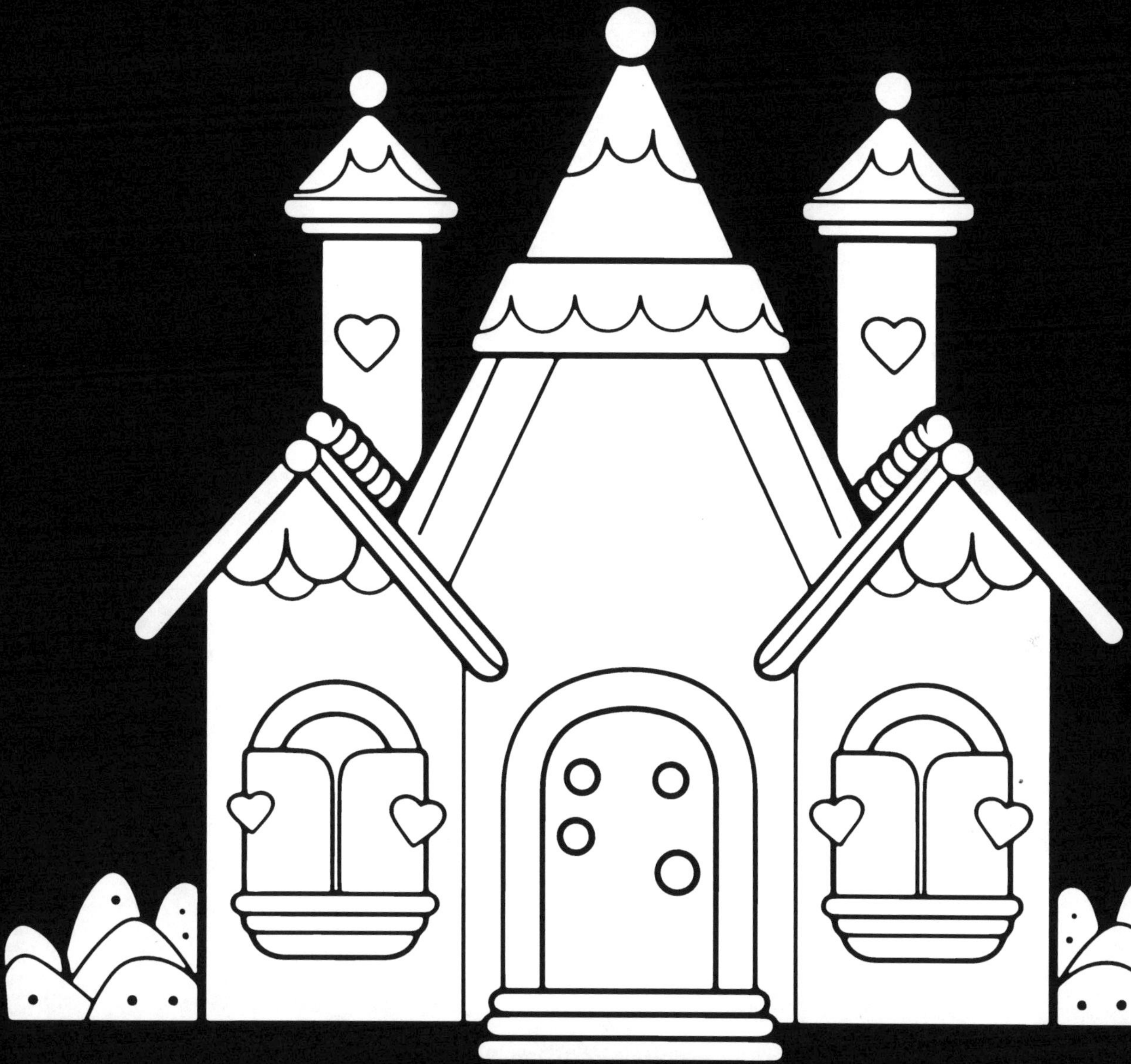

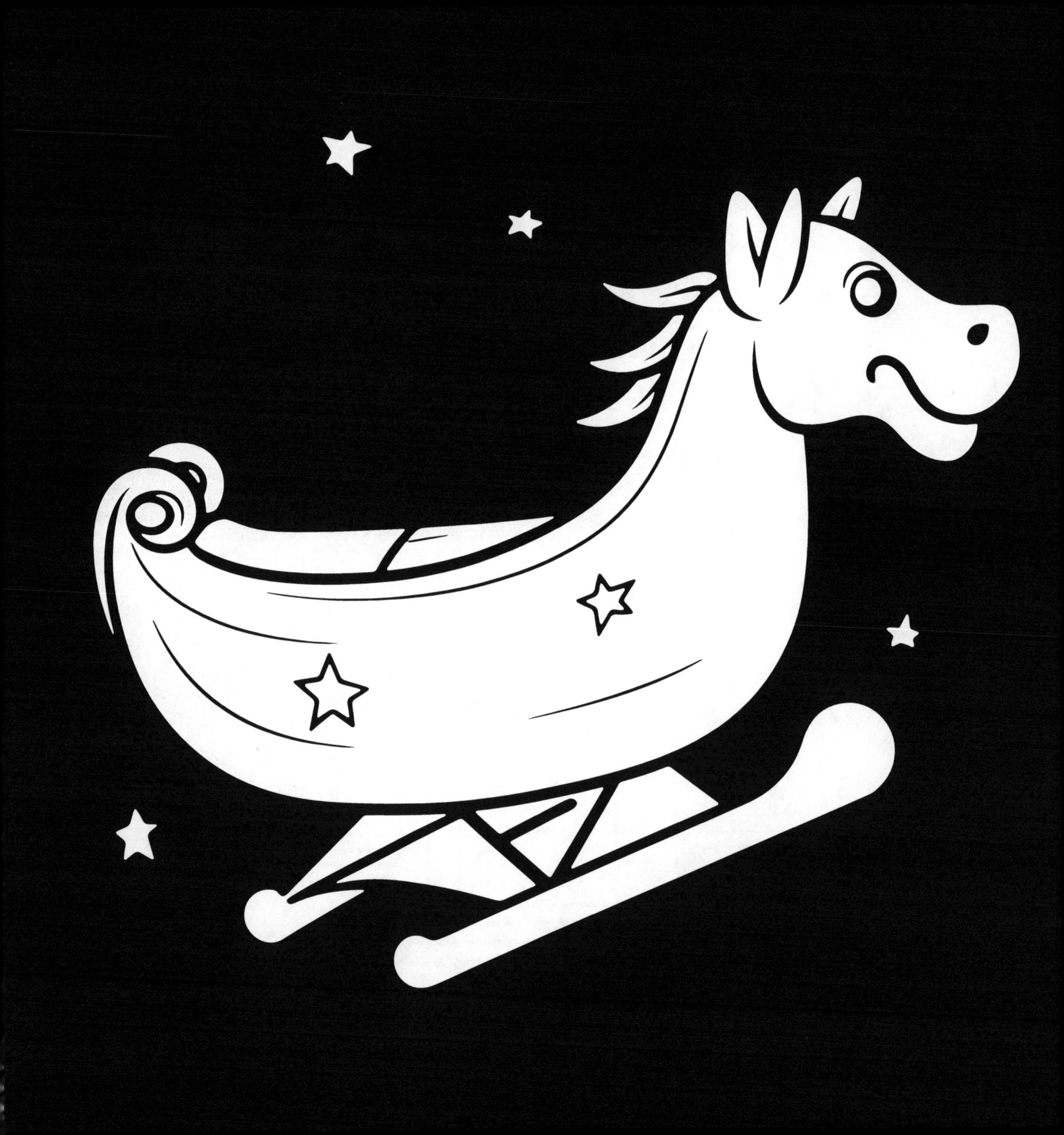

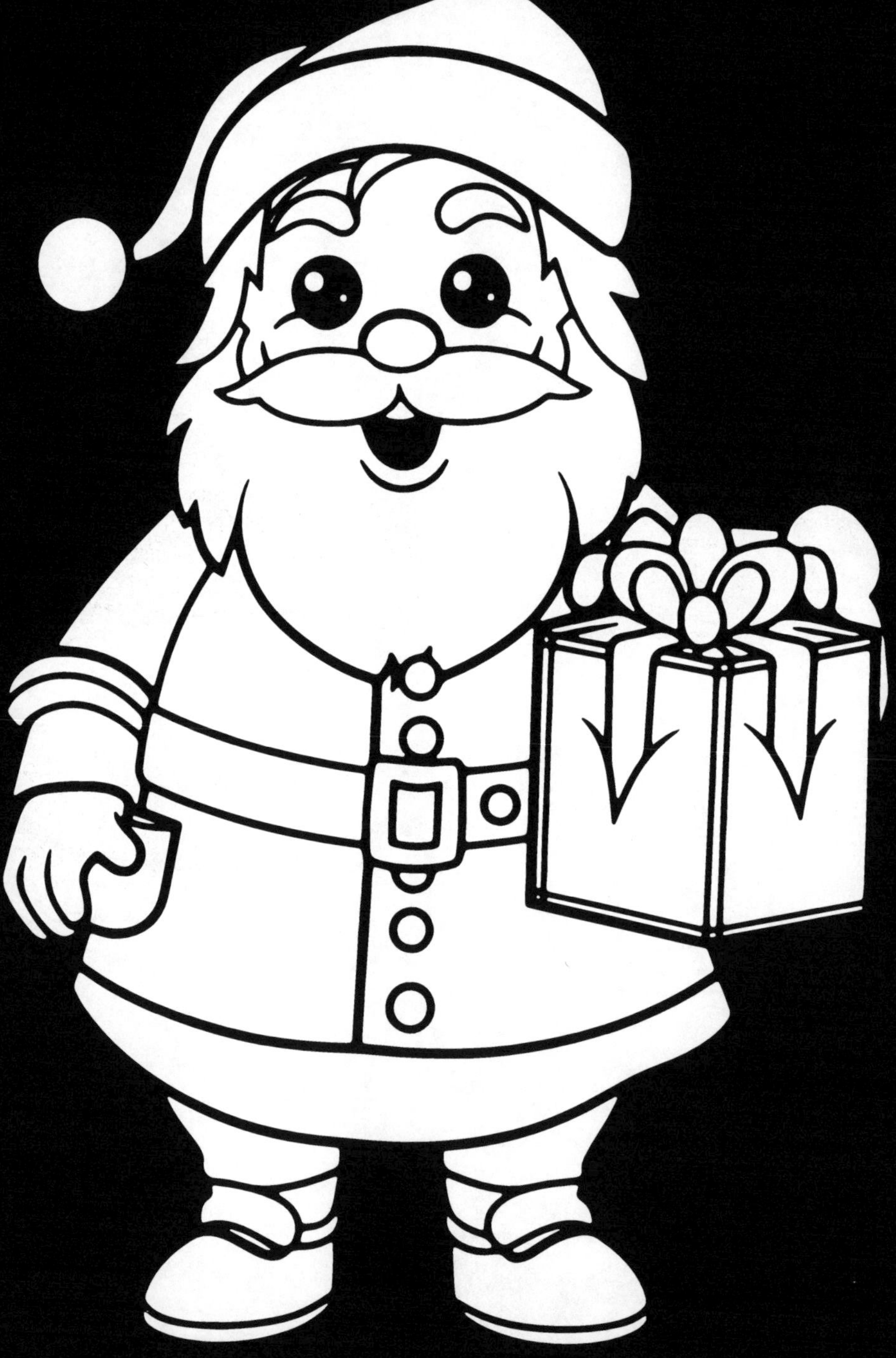

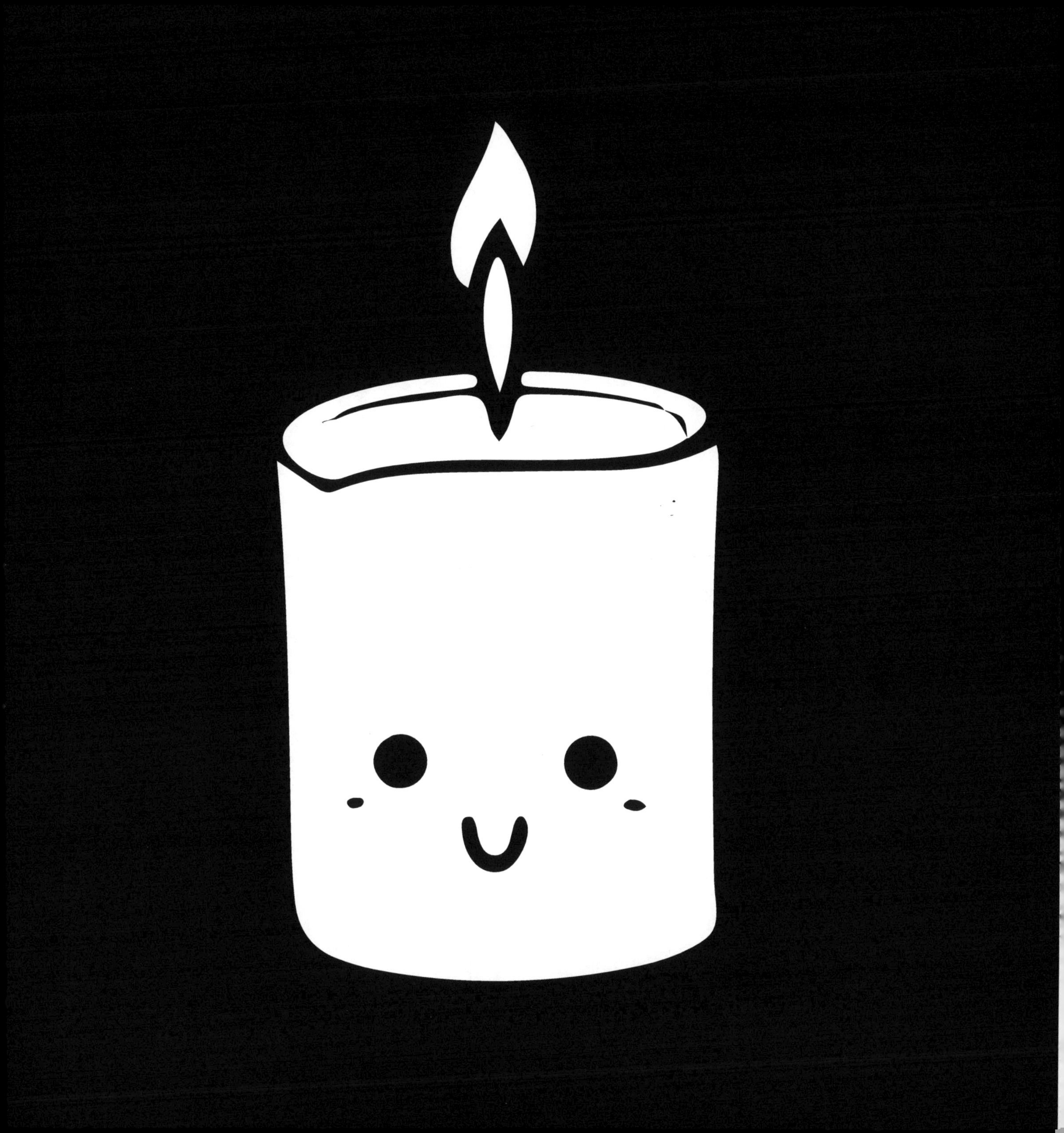

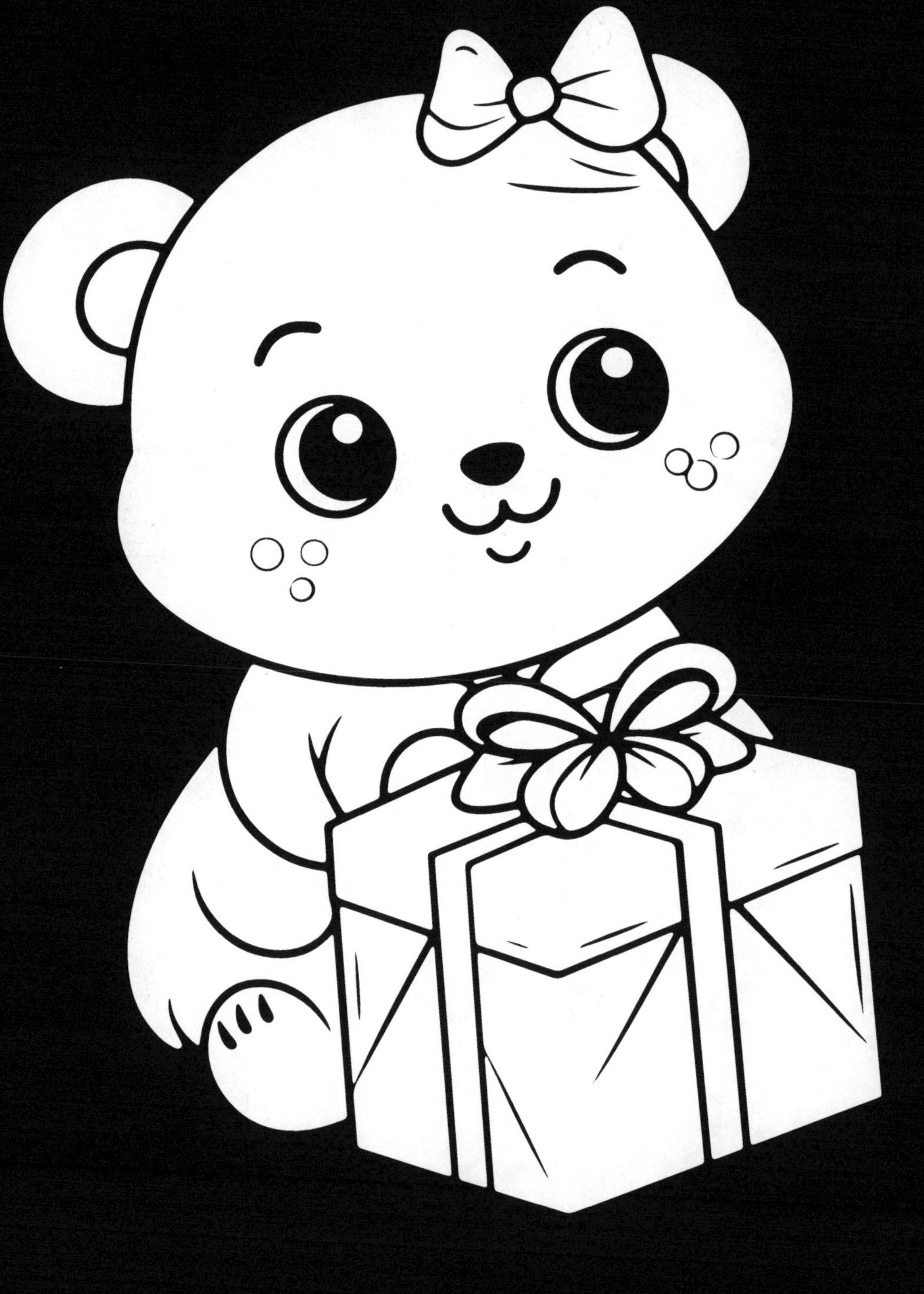

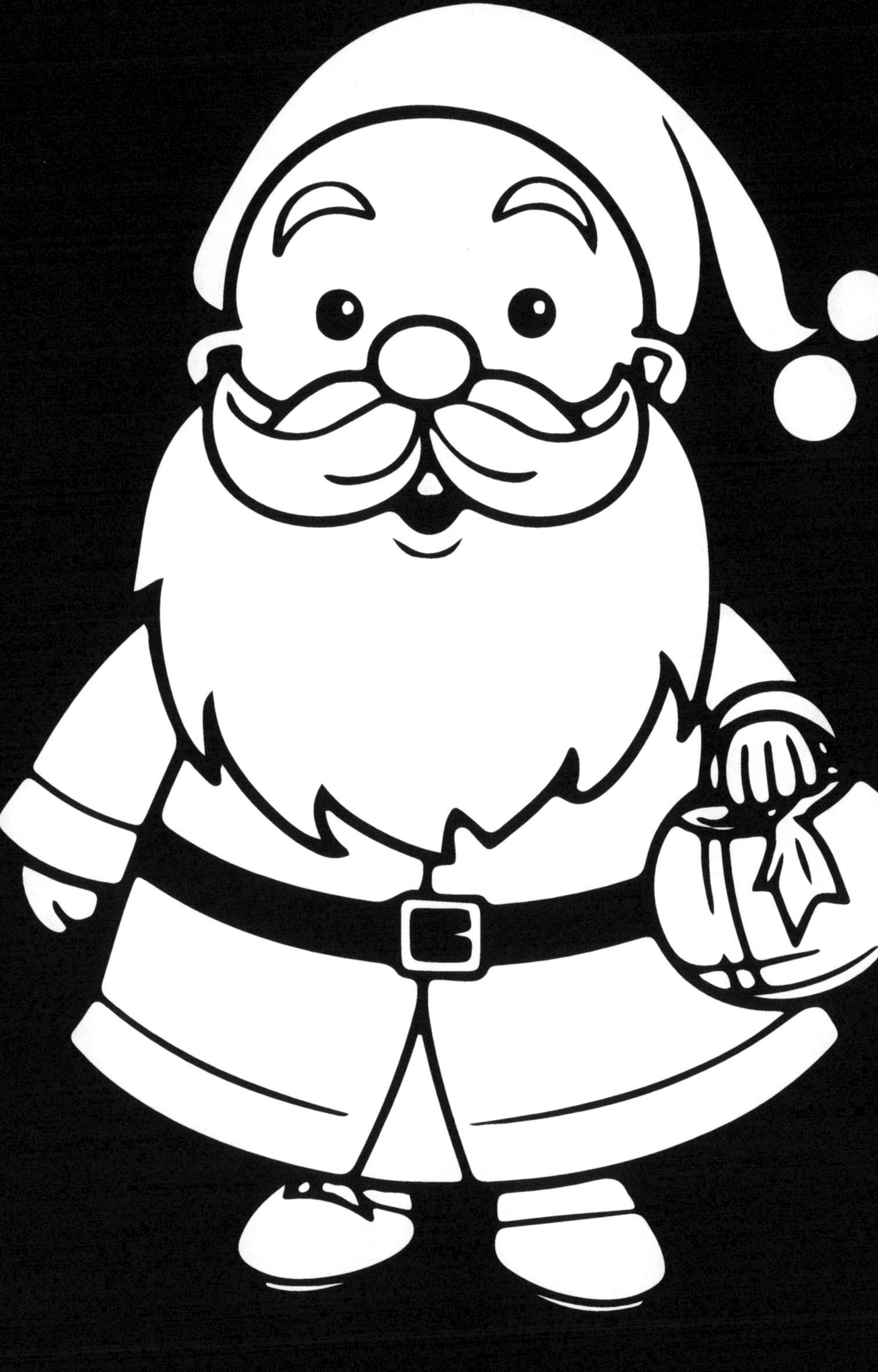

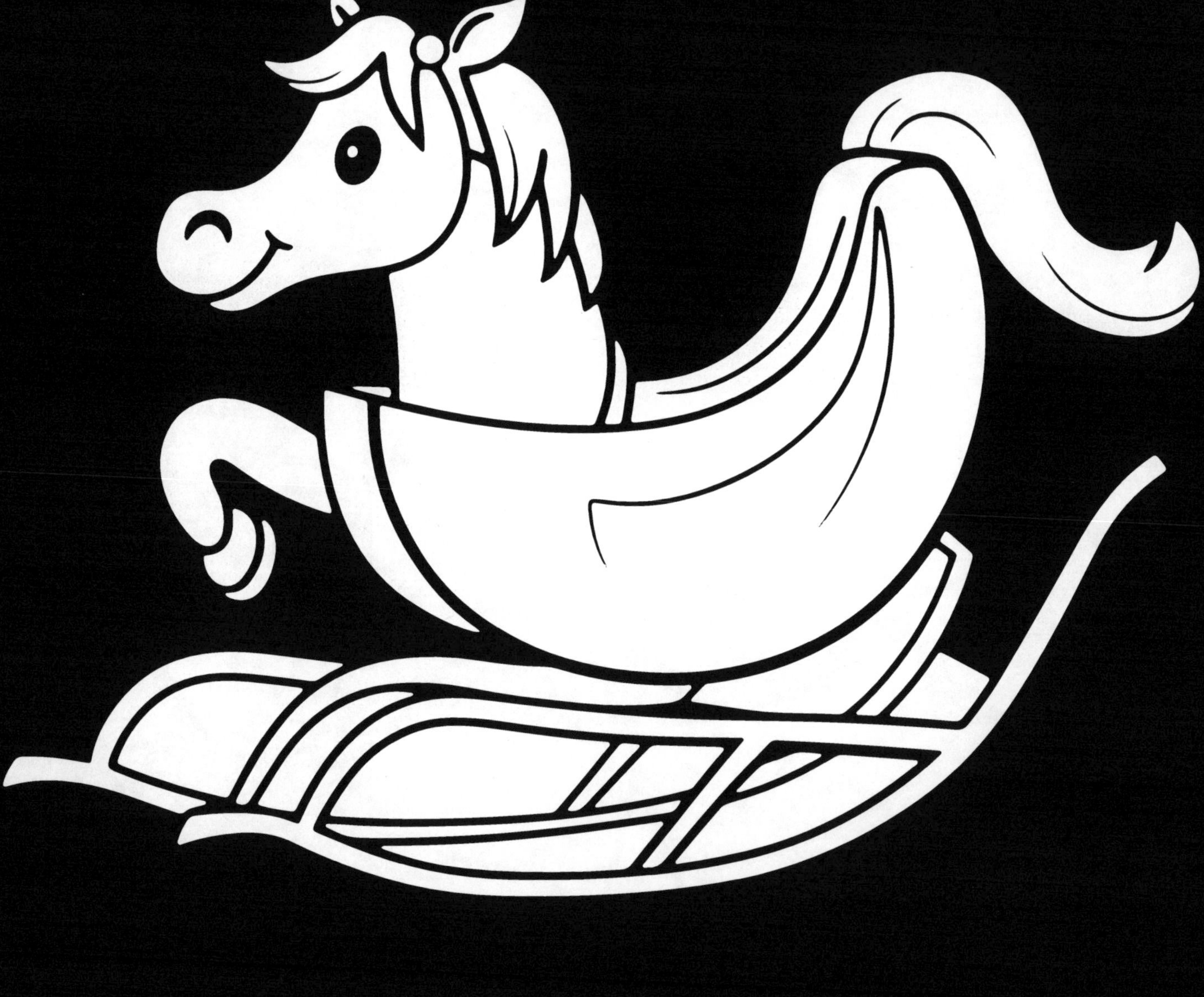

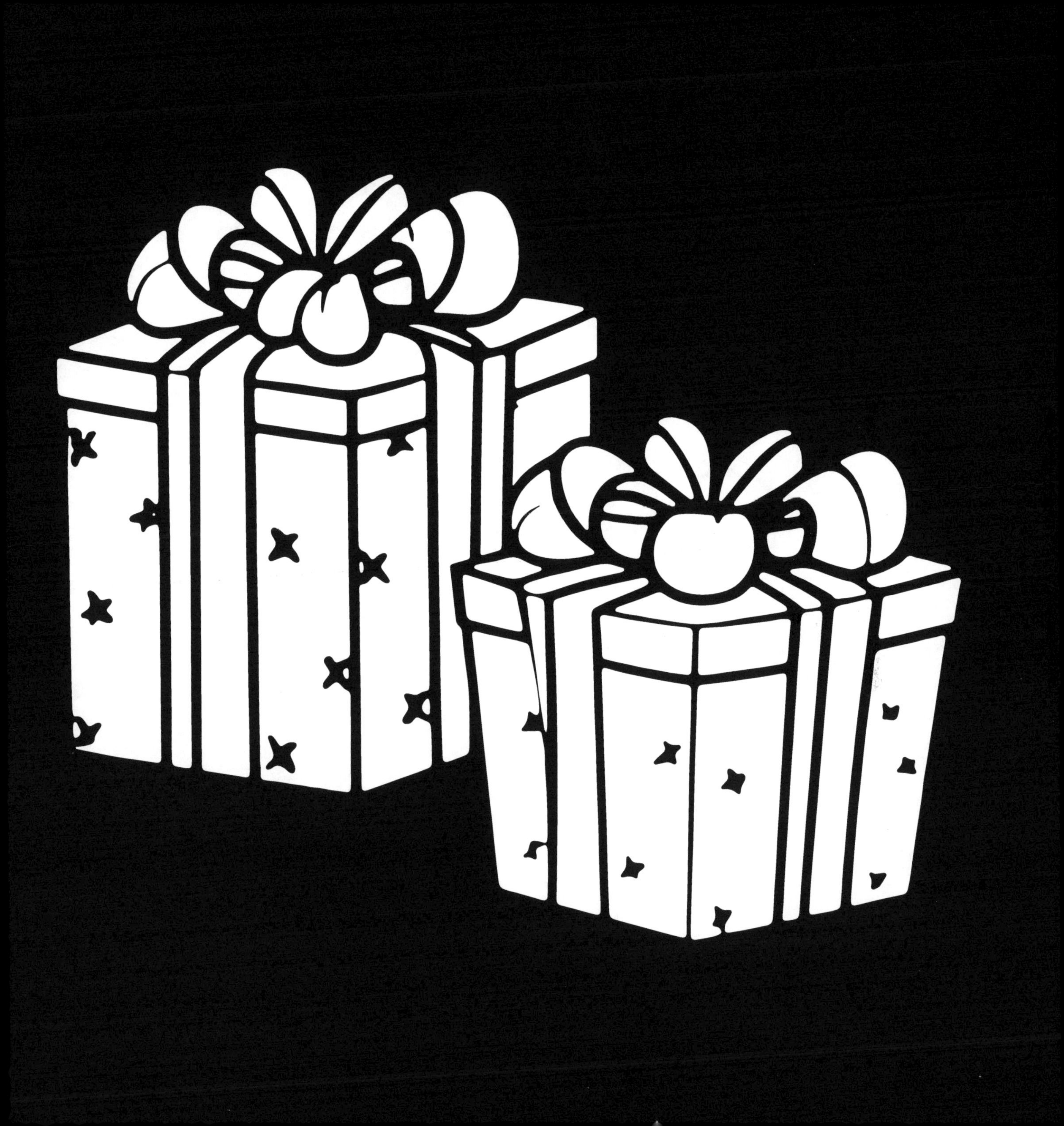

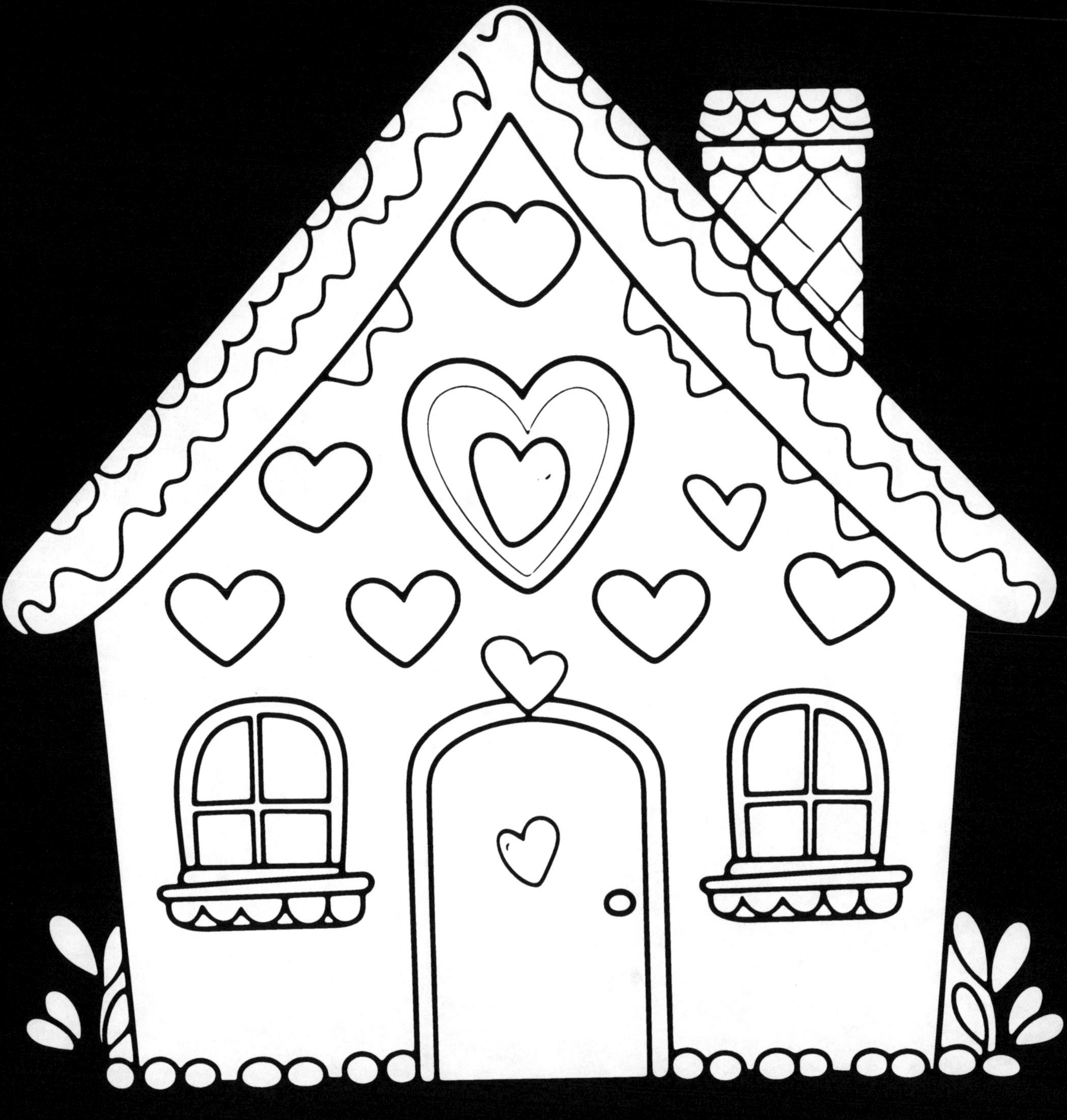

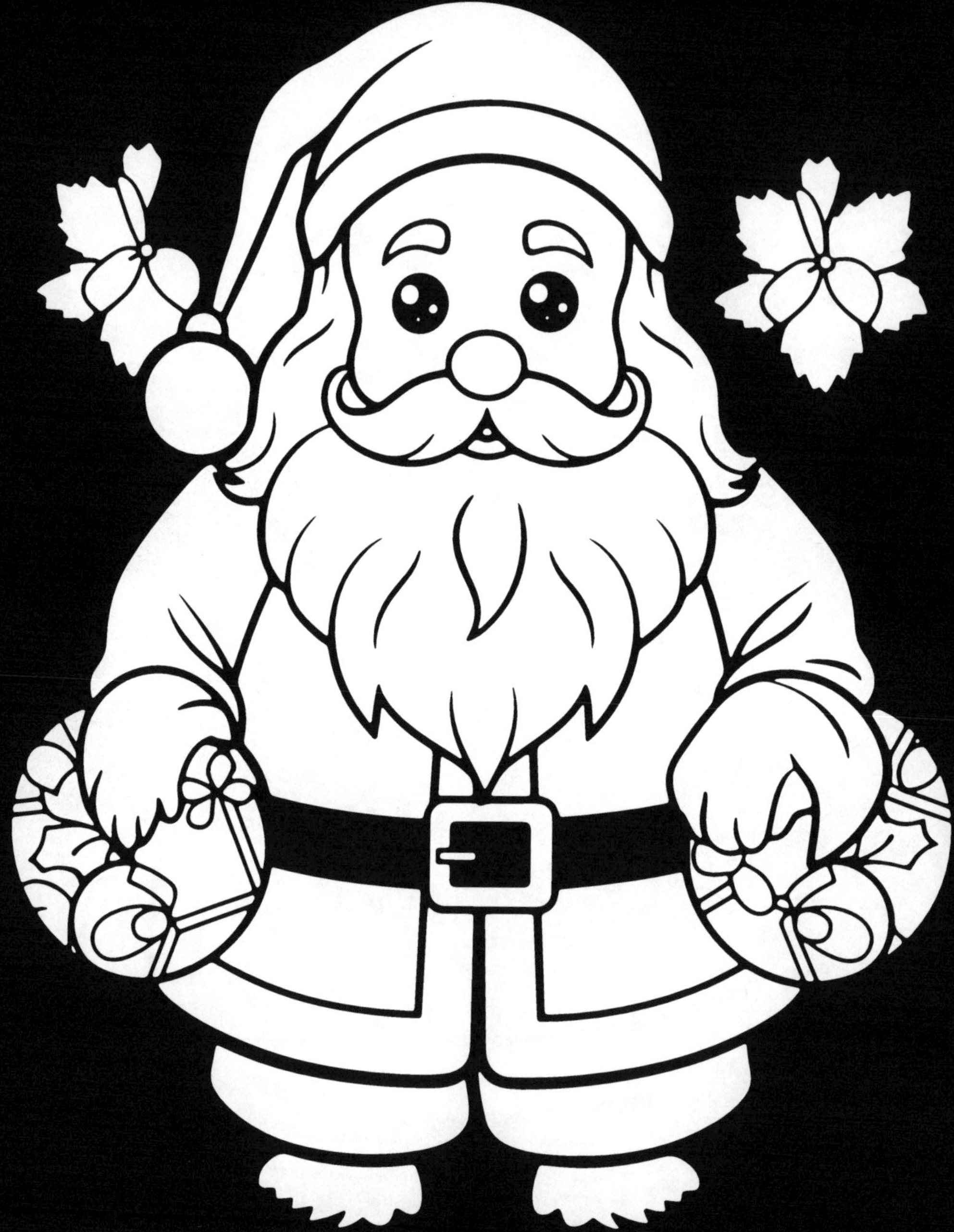

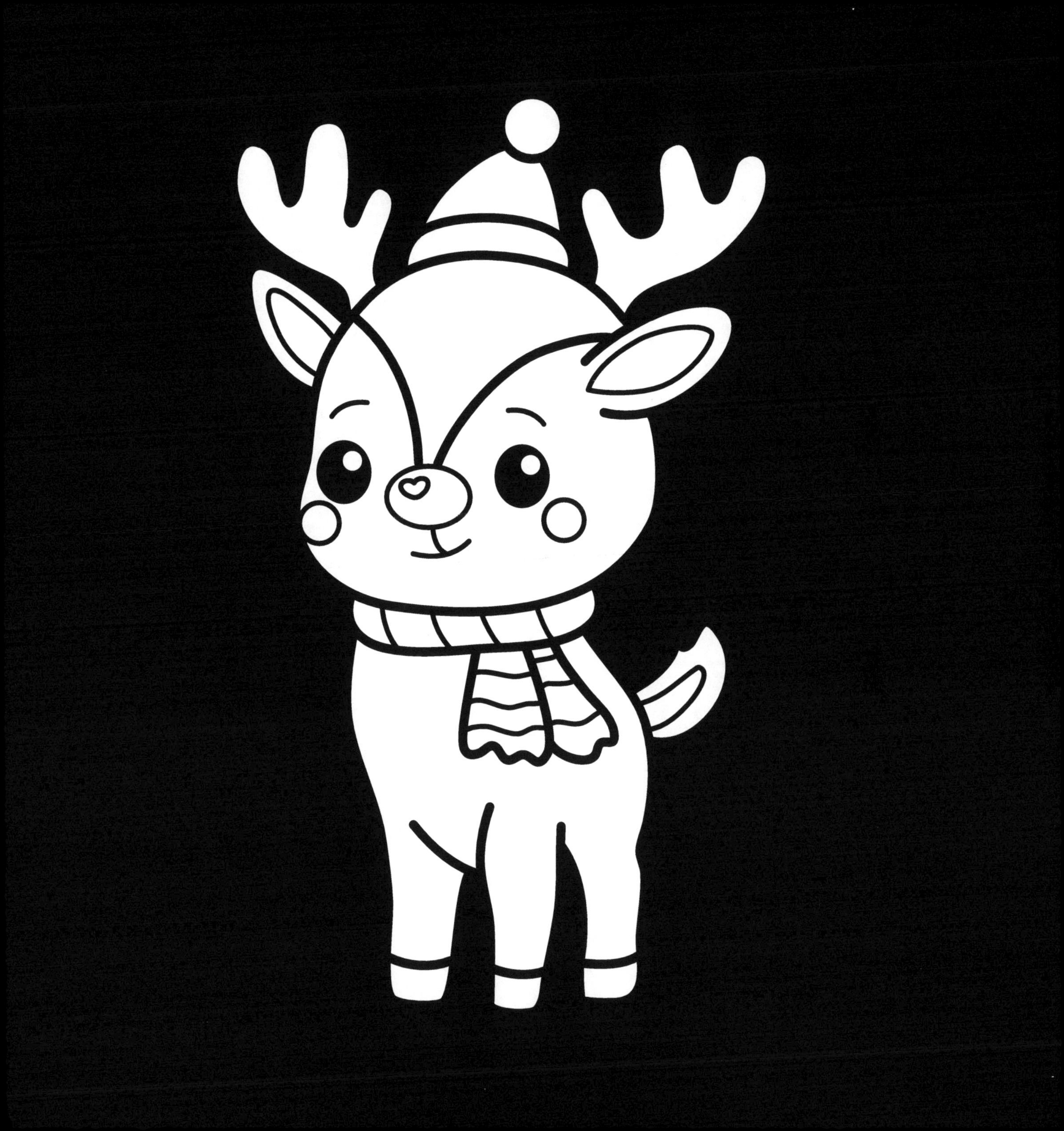

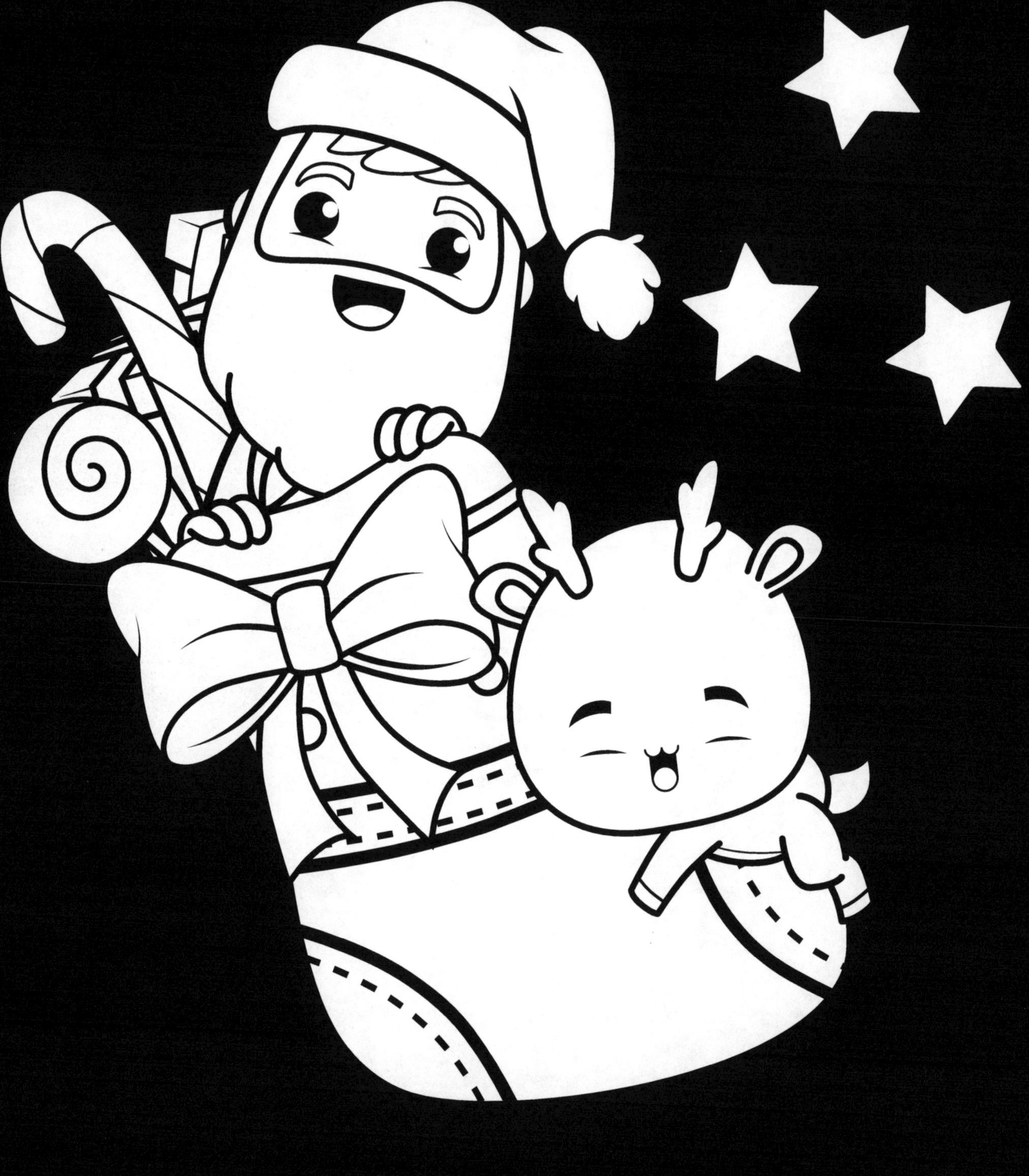

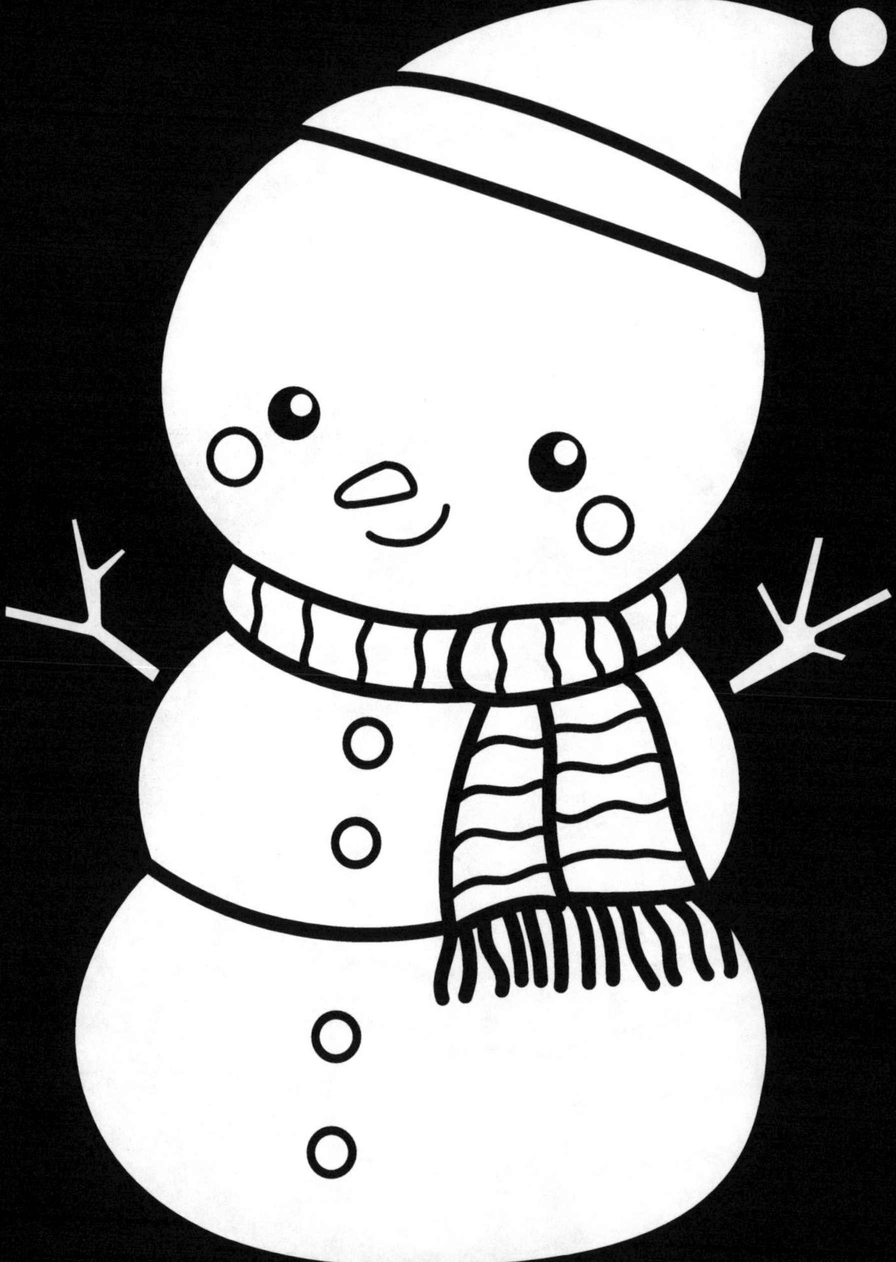

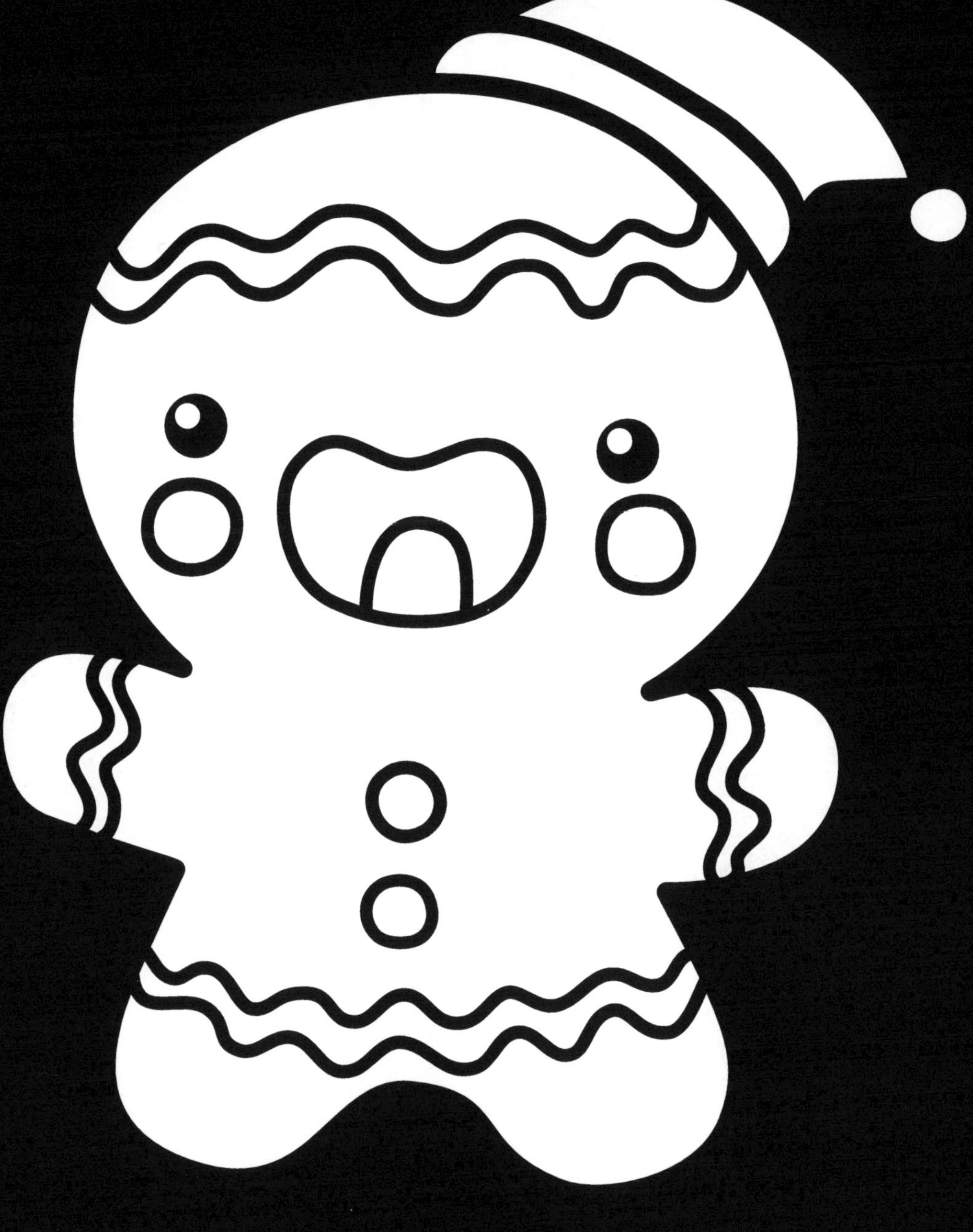

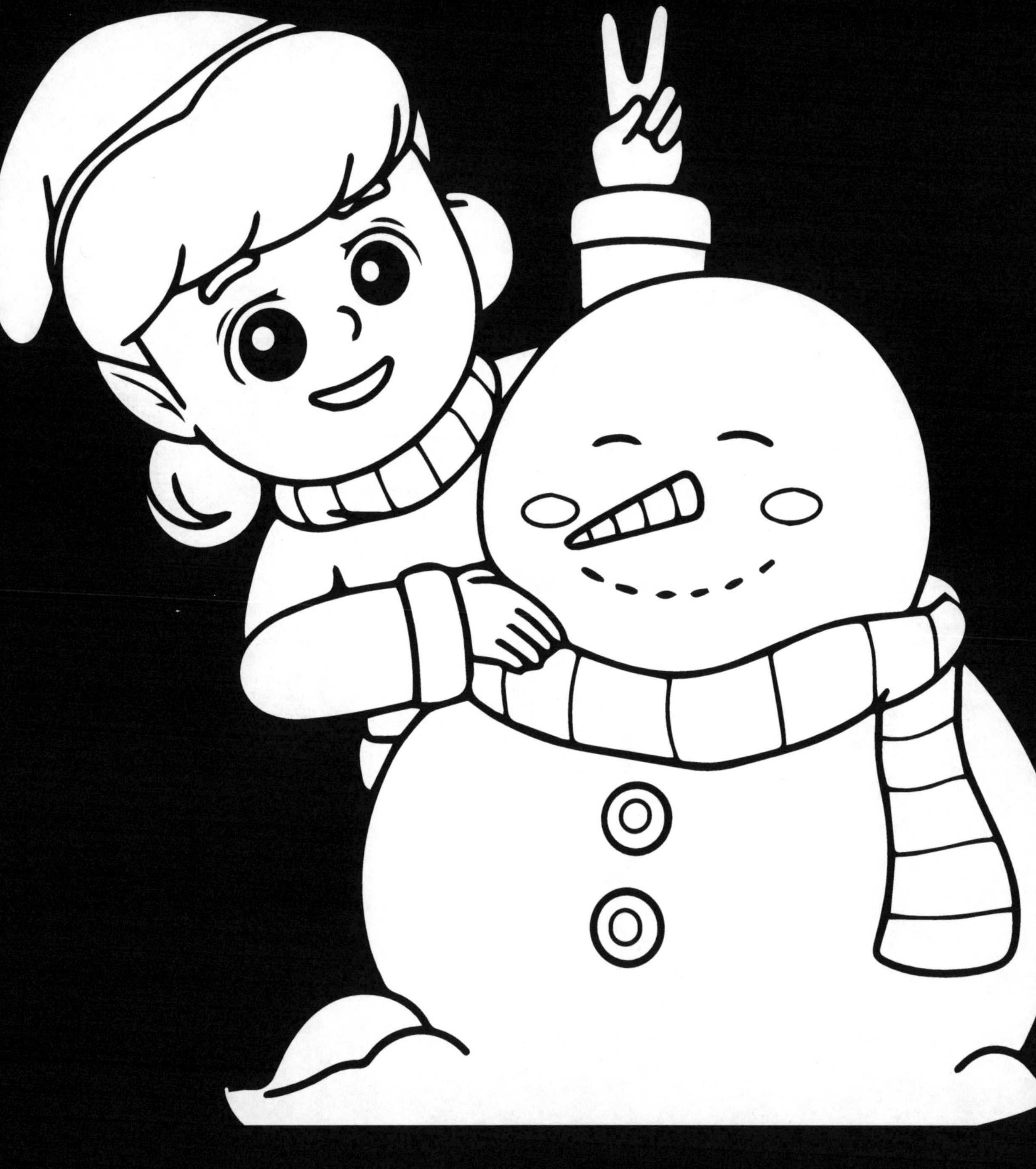

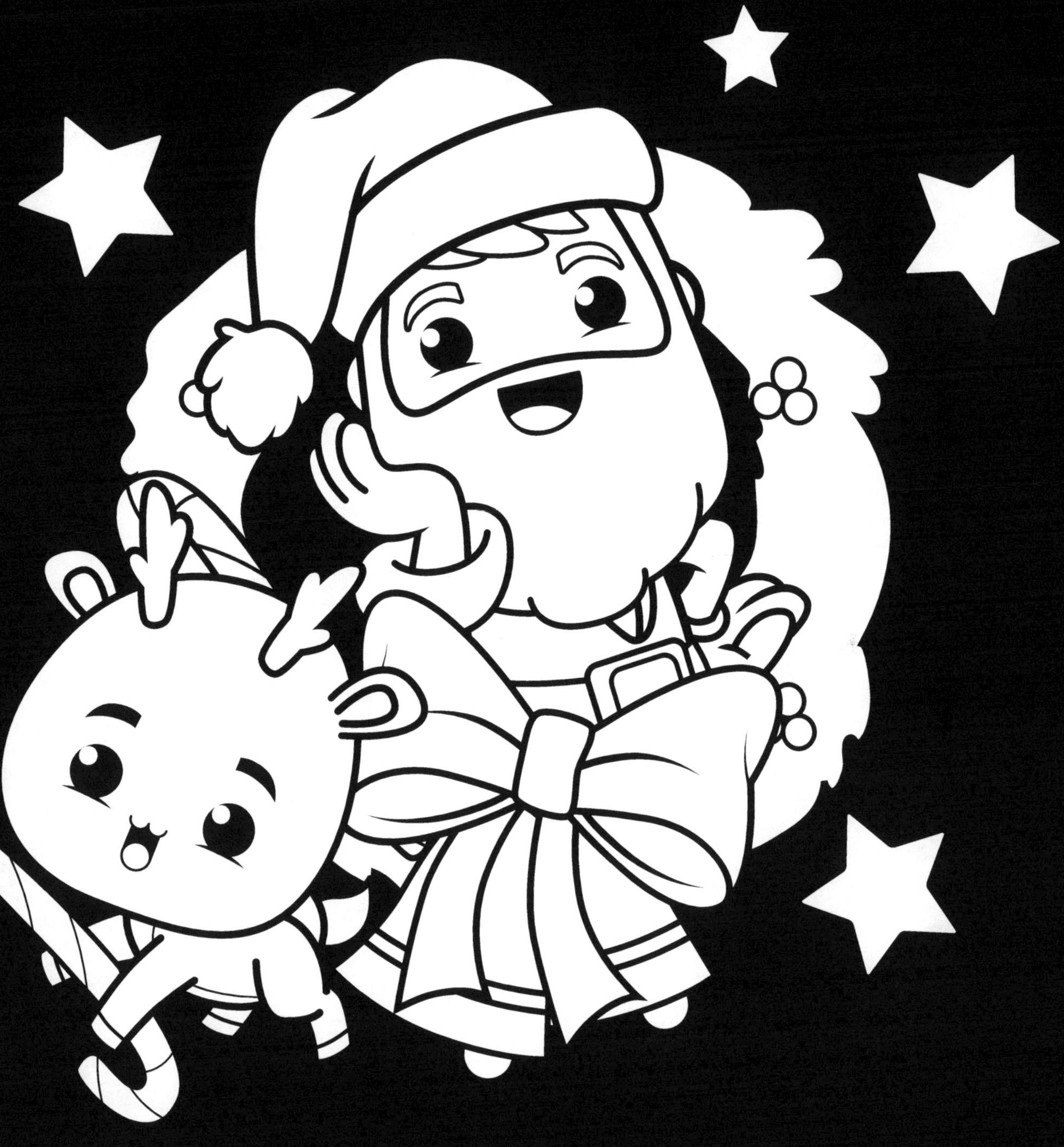

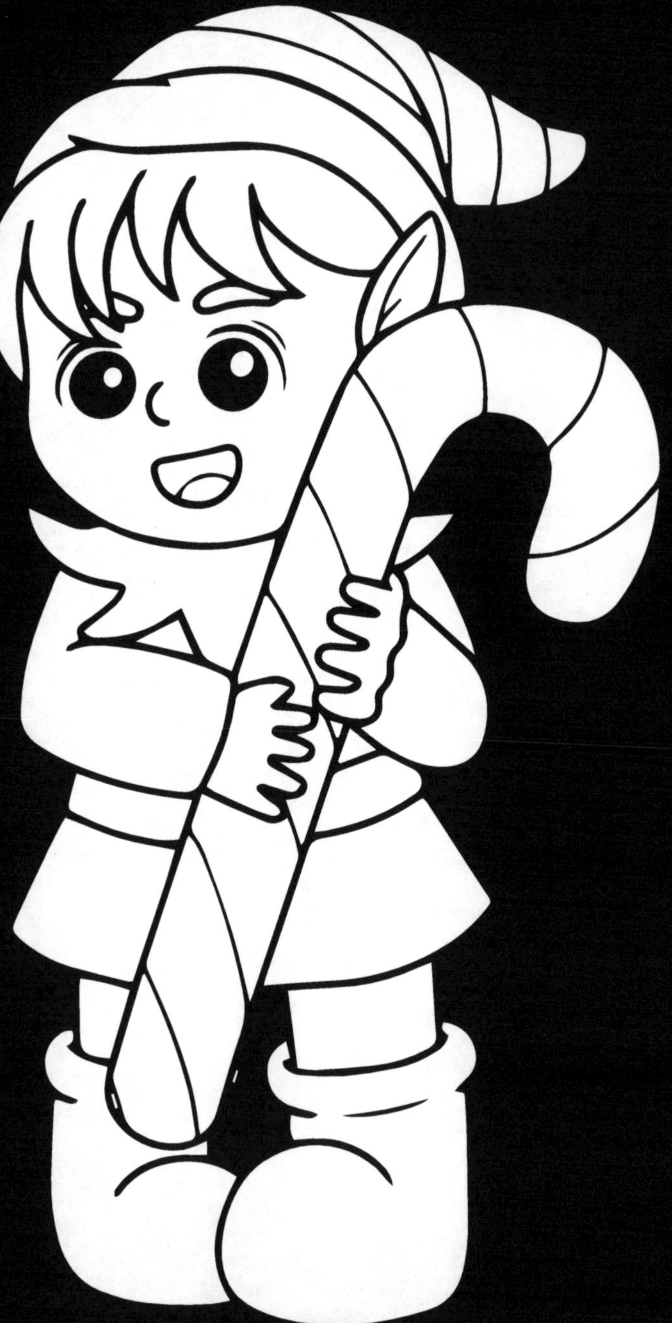

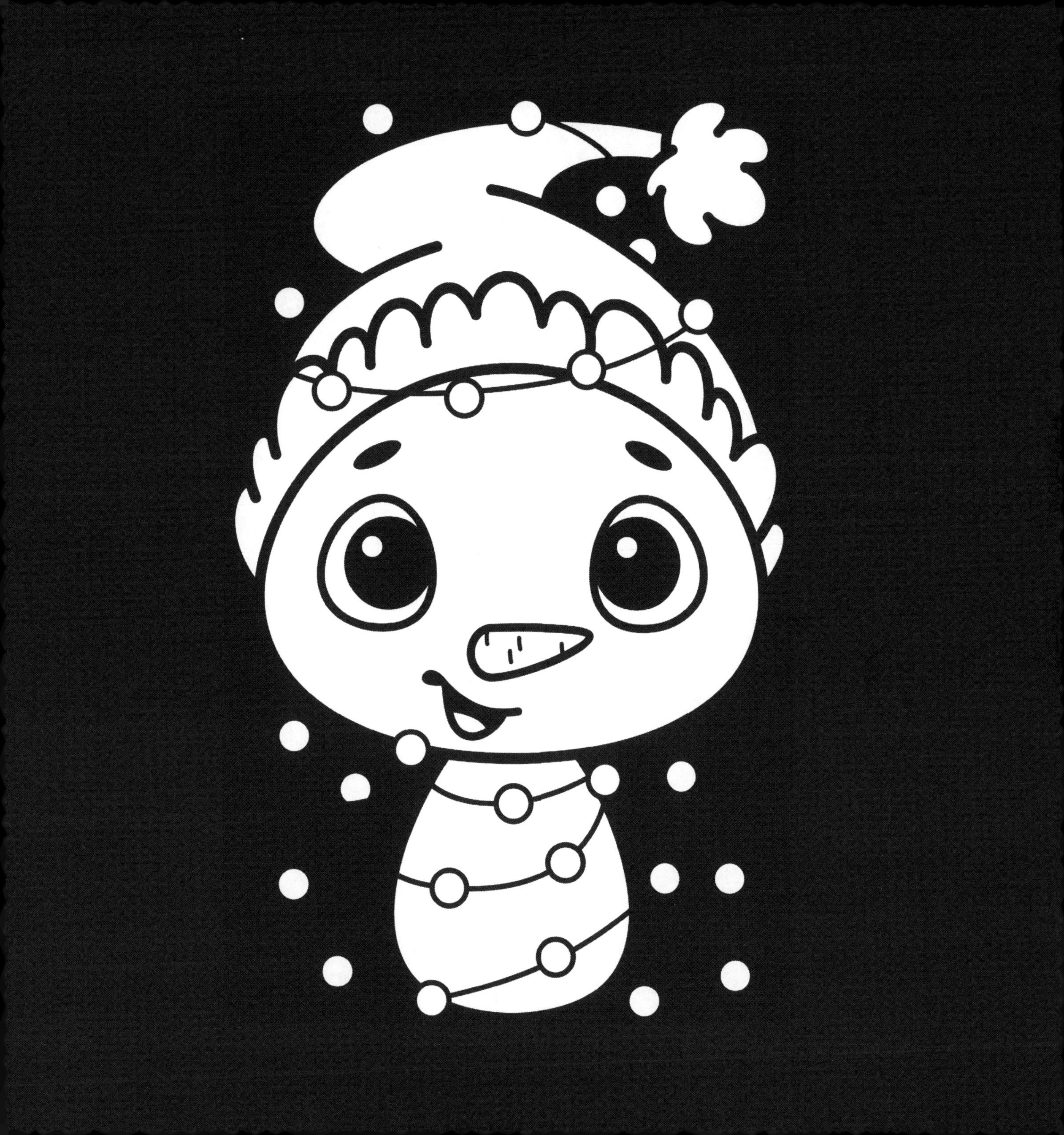

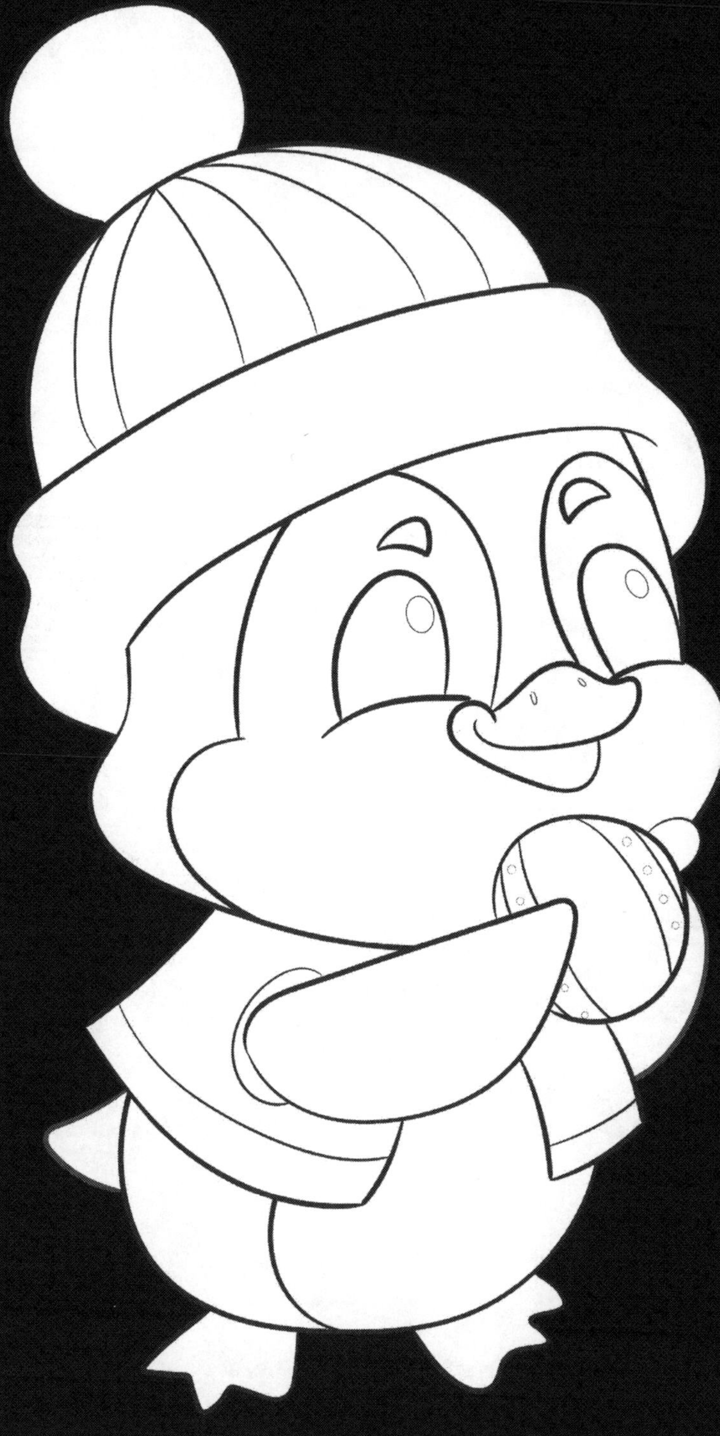

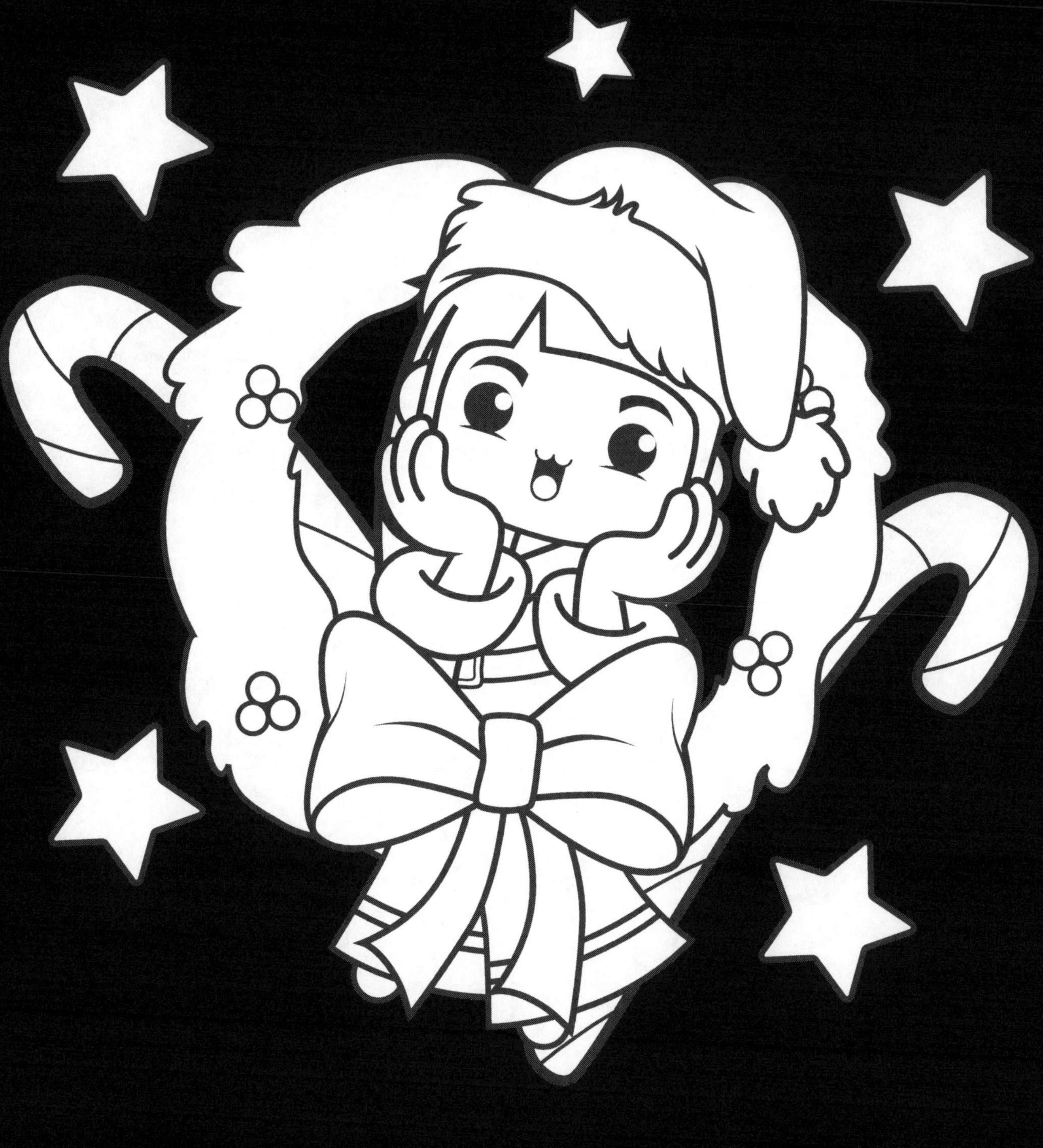

Made in the USA
Monee, IL
12 November 2024

69924230R00024